You hold in your hands a
Great Secret...

_____ 님께 드립니다.

The Secret

Rhonda Byrne

살림Biz

하늘에서 그러했듯 땅에서도 그러하리.

내면에서 그러했듯 외부에서도 그러하리.

- 기원전 3000년경 에메랄드 서판

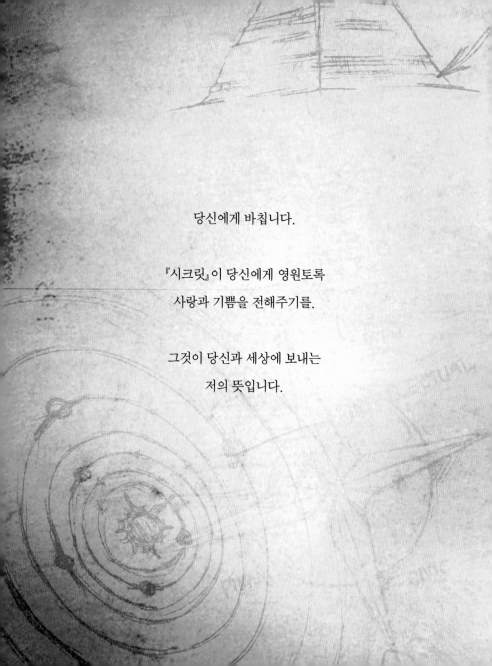

당신에게 바칩니다.

『시크릿』이 당신에게 영원토록
사랑과 기쁨을 전해주기를.

그것이 당신과 세상에 보내는
저의 뜻입니다.

Contents

들어가는 말   9

감사의 글   13

비밀이 드러나다   17

비밀에 접근하는 법   45

비밀을 활용하는 법   63

두 가지 강력한 도구   93

돈의 비밀   119

인간관계의 비밀   139

건강의 비밀   153

세상의 비밀   169

당신의 비밀   185

인생의 비밀   209

인물 소개   218

들어가는 말

1년 전 모든 일이 힘겨웠다. 나는 일로 녹초가 되었고, 아버지가 갑자기 세상을 떠났으며, 직장 동료들이나 사랑하는 이들과의 관계도 불편했다. 당시에는 생각도 하지 못했다. 그 힘겨운 절망 속에서 최고의 선물이 나타나리라고는.

그때 나는 '위대한 비밀', '삶의 비밀'을 어렴풋이 보게 되었다. 내게 '비밀'을 어렴풋이 알려준 것은 딸아이 헤일리가 준, 100년 된 책이었다. 나는 역사를 추적하며 그 '비밀'을 탐구하기 시작했다. 그리고는 믿어지지 않는 사실을 발견했다. 플라톤, 셰익스피어, 뉴턴, 위고, 베토벤, 링컨, 에머슨, 에디슨, 아인슈타인. 역사상 가장 위대했던 인물들이 이 '비밀'을 알고 있었다니.

믿어지지 않던 나는 이렇게 자문했다. "왜 이 비밀을 모두가 알지는 못하는 거지?" '비밀'을 세상에 알리고 싶다는 타오르는 열망이 나를 사로잡았고, 나는 비밀을 알고 있는 현대인들을 찾기 시작했다.

그러자 한 사람씩 나타났다. 나는 자석이 되어 그들을 끌어당겼다. 내가 탐색을 시작하자 살아있는 '비밀의 대가들'이 차례로 나타난 것이다. 한 사람을 발견하면 곧 다음 사람으로 이어지며 완벽한 고리가 되었다. 길을 잘못 들어서 다른 데 정신이 쏠리면 거기서 또 새로운 사람을 알게 되었다. 인터넷 검색에서 '우연히' 엉뚱한 링크를 눌렀다가 중요한 정보를 얻기도 했다. 그렇게 해서 겨우 몇 주 만에 몇 세기 전의 과거까지 추적할 수 있었고, 현재 비밀을 실천하고 있는 이들을 찾아냈다.

'비밀'을 영화로 제작해 세상에 알리겠다는 비전은 내 마음에서 굳어졌고, 그 후로 두 달 동안 영화와 텔레비전 제작 팀원들이 '비밀'을 배웠다. 모든 팀원이 반드시 '비밀'을 알아야 했다. 그렇지 않으면 시도하려는 일을 달성할 수 없었을 터였기에.

영화에 관해서 가르쳐줄 사람은 단 한 명도 없었지만, 우리는 비밀을 알고 있었다. 그래서 호주에 있던 나는 일이 잘 풀리리라고 철저히 믿고서, '비밀'을 가르쳐줄 사람이 많이 있는 미국으로 날아갔다. 그로부터 7주 동안 '시크릿 팀'은 미국 전역에 있는 '비밀의 달인'을 찾아 120시간 분량을 촬영했다. 발걸음을 디딜 때마다, 숨을 들이쉴 때마다, 우리는 비밀을 활용해서 「시크릿」을 제작했다. 그리고 여덟 달 후에는 「시크릿」이 세상에 공개되었다.

영화가 세상을 휩쓸자 기적 같은 이야기들이 홍수처럼 쏟아져 들어왔다. 만성 통증·우울증·질병에서 나았다는 이야기, 사고가 난 후 처음으로 걸었다는 이야기, 임종 자리에서 일어났다는 소식까지. '비밀'을 활용해서 상당한 돈을 모았다는 이야기가 수천 건에 달했다. 사람들은 '비밀'을 활용해서 꿈에 그리던 집과 배우자, 자동차, 직장, 승진 등을 얻었다고 전해왔다. 사업이 며칠 만에 새로운 전환기에 접어들었다고 이야기한 사람도 많았다. 아이들 문제로 힘들어하다가 화목한 가정으로 되돌아갔다는 가슴 따스한 이야기도 있었다.

우리가 받은 이야기들 중 제일 멋진 것은 몇몇 아이들이 '비밀'을 활용해서 자기가 원하는 일들, 이를테면 성적이나 친구를 끌어당겼다는 소식이었다. '비밀'에 자극을 받은 의사들은 환자들에게 그 지식을 알려줬고, 대학과 학교에서는 학생에게, 헬스클럽에서는 고객에게, 온갖 종파의 교회와 명상 센터에서는 회중에게 알려줬다. 사람들은 '비밀'을 이용해 아주 사소한 일에서부터 100억이라는 엄청난 돈에 이르기까지 온갖 것들을 끌어당겼다. 이 모든 일이 영화를 찍은 지 불과 몇 달 만에 일어났다.

영화 「시크릿」을 제작하면서 내가 의도했고 지금도 마찬가지인 것은 수십억 사람이 그 덕분에 기쁨을 느끼는 일이었다. '시크릿 팀'은 지금 날마다 그 의도가 실현되는 모습을 지켜보고 있다. 전 세계에서 나이와 인종과 국적을 초월한 수천수만 명이 '비밀'로 기쁨을 느끼게 되었다며 고맙다는 편지를 보내고 있다. 이것으로 하지 못할 일은 하나도 없다. 당신이 누구든 어디에 있든, '비밀'은 원하는 걸 얻게 해줄 수 있다.

이 책에는 훌륭한 '비밀의 달인'이 스물네 명 등장한다. 미국 전역에서 각기 다른 시간에 촬영했는데도, 이들이 하는 이야기는 모두 일맥상통한다. 이 책에는 그 달인의 말과 더불어, '비밀'에서 비롯된 기적 같은 이야기가 담겨 있다. 그리고 내가 발견한 손쉬운 방법, 비결 등도 모두 담아서 당신이 꿈꾸던 삶을 살아가는 데 도움이 되도록 안배했다.

당신은 책 곳곳에서 내가 '당신'이라는 말을 강조한 곳을 발견할 것이다. 그렇게 한 이유는 내가 이 책을 독자인 당신을 위해 만들었다는 사실을 느끼고 알게 되기를 바라기 때문이다. 이 책이 당신 것이라고 느꼈으면 한다. 당신을 위해 만든 책이기에.

책장을 넘겨 '비밀'을 배우면서, 원하는 것은 무엇이든 될 수 있고, 얻을 수 있고, 할 수 있다는 점을 알게 되리라. 자신이 진정 어떤 사람인지 알게 되리라. 진실로 웅대한 삶이 자신을 기다린다는 사실을 알게 되리라.

Rhonda Byrne

감사의 글

　진심으로 감사한 마음으로, 내 인생에 찾아와 내게 영감을 주고 영향을 주고 빛을 밝혀준 모든 사람에게 고맙다고 말하고 싶다. 이 책을 만드는 여행에 크게 도움을 주고 기여해준 사람들에게도 감사한 마음을 전달하고 싶다.

　지혜와 사랑과 성스러움을 후하게 나누어준, 「시크릿」의 공동 저자들에게 경의를 표한다. 잭 캔필드, 존 아사라프, 마이클 버나드 백위스, 리 브라워, 존 디마티니 박사, 마리 다이아몬드, 마이크 둘리, 밥 도일, 해일 도스킨, 모리스 굿맨, 존 그레이 박사, 존 해길린 박사, 빌 해리스, 벤 존슨 박사, 로럴 랭마이어, 리사 니콜스, 밥 프록터, 제임스 레이, 데이비드 셔머, 마시 시모프, 조 바이탤리 박사, 데니스 웨이틀리 박사, 닐 도널드 월쉬, 프레드 앨런 울프 박사가 그들이다.

　「시크릿」의 멋진 제작팀원들인 폴 해링턴, 글렌다 벨, 스카이 번, 닉

조지, 그리고 「시크릿」 제작 과정에 함께해준 드루 해리엇, 대니얼 커, 데미안 코보이, 그리고 뛰어난 그래픽을 만들어준 고저 미디어, 거기에 「시크릿」의 느낌을 담아준 제임스 암스트롱, 셰이머스 호, 앤디 루이스에게도 고마움을 전한다.

하늘이 우리에게 보내준 사람인 「시크릿」의 CEO 밥 레이논, 호주와 미국 전역에서 법률 자문단으로 활약해준 팀과 마이클 가드너, 「시크릿」 웹사이트 팀인 댄 홀링스, 존 헤런, '시크릿 포럼'을 경영하고 운영하는 '파워풀 인텐션스Powerful Intentions'의 관계자 전원, 그리고 포럼에 참여한 모든 사람의 이름도 빠질 수 없다.

내 안에 타오르는 정열을 일깨워준, 과거의 위대한 스승과 대가들. 나는 그 위대한 사람들의 그늘 아래서 여기까지 걸어왔기에, 그들 모두를 존경한다. 특히 로버트 콜리어와 로버트 콜리어 출판, 월러스 워틀스, 찰스 해널, 조지프 캠벨, 조지프 캠벨 재단, 프렌티스 멀포드, 제너비브 베런드, 찰스 필모어에게 감사한다.

마음을 열어 「시크릿」을 받아들여준 '비욘드 워즈' 출판사의 리처드 콘과 신시아 블랙, '사이몬 앤드 슈스터' 출판사의 주디스 커, 편집을 담당해준 헨리 코비와 줄리 슈타이거발트도 마찬가지다.

고맙게도 자신의 이야기를 들려준 케이시 굿맨, 수전 슬로트, 콜린 함, 수전 모리스, 지니 맥케이, 조 슈거맨. 영감 어린 가르침을 베풀어준 로버

"이 옷에 먹을 걸 흘리지 않으면 좋겠어."

　　－"이 옷에 먹을 걸 흘리고 싶고, 다른 것도 흘리고 싶어."

"파마가 잘못 나오지 않으면 좋겠어."

　　－"파마가 잘못 나오면 좋겠어."

"지체되는 거 싫은데."

　　－"지체되면 좋겠어."

"저 사람이 내게 무례하게 굴지 않으면 좋겠어."

　　－"저 사람 말고 다른 사람도 내게 무례하게 굴면 좋겠어."

"그 식당에서 우리가 예약한 자리를 다른 사람에게 주지 않으면 좋겠어."

　　－"다른 식당에서도 우리가 예약한 자리를 다른 사람들에게
　　　주면 좋겠어."

"신발 때문에 발 아프지 않으면 좋겠어."

　　－"신발 때문에 발 아프면 좋겠어."

"일이 너무 많아서 다 할 수가 없어."

　　－"다 하지 못할 정도로 일이 더 많아지면 좋겠어."

"감기에 걸리지 않으면 좋겠어."

　　－"감기뿐 아니라 다른 것도 걸리고 싶어."

"다투기 싫어."

　　－"더 많이 다투고 싶어."

"나한테 그렇게 말하지 마."
– "너 말고 다른 사람도 나한테 그렇게 말하면 좋겠어."

끌어당김의 법칙은 당신이 생각하고 있는 것을 보내준다.

끌어당김의 법칙은 늘 작용한다. 당신이 믿든 말든, 이해하든 못하
든. _밥 프록터

끌어당김의 법칙은 창조의 법칙이다. 양자물리학자들은 전 우주가 생
각에서 비롯되었다고 이야기한다. 당신은 생각과 끌어당김의 법칙으로
인생을 만들어나가고, 다른 사람도 모두 마찬가지다. 법칙을 안다고 해
서 뭔가가 저절로 되지는 않는다. 법칙은 오랜 과거부터 당신 인생과 다
른 사람 인생에 작용해왔다. 당신이 이 커다란 법칙을 인식하고 나면, 자
신이 얼마나 강한 존재인지 인식하게 되고, 생각으로 자신의 삶을 만들
어낼 수 있게 된다.

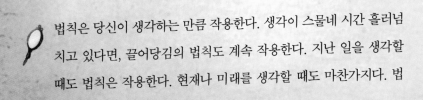

법칙은 당신이 생각하는 만큼 작용한다. 생각이 스물네 시간 흘러넘
치고 있다면, 끌어당김의 법칙도 계속 작용한다. 지난 일을 생각할
때도 법칙은 작용한다. 현재나 미래를 생각할 때도 마찬가지다. 법

칙은 쉬지 않고 작용한다. 중지나 멈춤 버튼 따위는 없다. 법칙은 당신 생각이 늘 일어나듯 늘 실행된다. _리사 니콜스

당신이 알든 모르든, 우리는 항상 생각하고 있다. 누군가에게 말하거나 누군가의 말을 들을 때도 그렇다. 신문을 읽거나 TV를 볼 때도, 과거의 추억을 떠올릴 때도, 미래의 일을 고려할 때도, 운전할 때도, 아침에 나갈 준비를 할 때도 생각한다. 일반적인 경우 생각하지 않는 유일한 순간은 잠든 시간이다. 하지만 끌어당김의 법칙은 우리가 잠들기 직전에 한 생각을 계속 되돌려 보낸다. 그러니까 잠들기 전에는 좋은 생각을 하라.

창조는 지금도 진행되고 있다. 어떤 생각을 하거나, 오랫동안 한 가지 사고방식을 고수할 때마다 어떤 일을 창조하고 있는 것이다. 그 생각에서 어떤 결과가 빚어져 나타날 것이다. _마이클 버나드 백위스

지금 당신이 하는 생각이 앞으로 당신의 삶을 만들어낸다. 당신은 생각으로 삶을 만든다. 항상 생각하니까 항상 창조하는 삶을 사는 셈이다. 당신이 가장 많이 생각하고 집중하는 대상, 바로 그것이 당신 삶에 나타나리라.

다른 모든 자연 법칙과 마찬가지로 이 법칙 역시 철저하고 완벽하다.

우리는 각자 자신의 삶을 창조한다. 무엇이든지 뿌린 대로 거두는 것이
다! 생각은 씨앗이고, 수확물은 당신이 뿌린 씨앗에 의해 좌우된다.

먼가에 대해 불평하면, 끌어당김의 법칙에 따라 불평할 일이 당신에
게 더 많이 나타날 것이다. 누군가 불평하는 걸 듣거나 거기에 집중하거
나, 또는 그 사람을 동정하거나 그 사람에게 동의하면, 그 순간 그 불평하
는 상황이 당신에게 오도록 끌어당기는 것이다.

끌어당김의 법칙은 단지 당신이 집중하여 생각하는 대상을 당신에게
정확하게 되돌려줄 뿐이다. 이 중요한 사실을 안다면, 당신은 생각을 바꿔
서 모든 상황과 사건을 완벽하게 바꿀 수 있다.

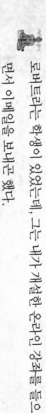

로버트라는 학생이 있었는데, 그는 내가 개설한 온라인 강좌를 들으
면서 이메일을 보내곤 했다.

로버트는 동성애자였다. 동성애자로서 살아가기 어려운 암담한 현
실을 내게 이메일로 이야기해주었다. 직장에서는 동료들이 집단으
로 로버트를 공격했다. 동료들이 너무나 짓궂게 굴어서 그는 항상
스트레스를 받았다. 거리를 걸을 때면 로버트를 욕하고 싶어 하는
동성애 혐오주의자들에게 둘러싸였다. 로버트는 일인극 코미디언이
되려고 했다. 하지만 실제로 일할 기회가 생기자 동무가 동성애자라
며 그를 괴롭혔다. 로버트는 늘 불행하고 비참하게 살았고, 그 모든

것이 동성애자라는 사실 때문에 공격을 당하는 데서 비롯되었다.

나는 로버트에게 그가 '원하지 않는 일'에 집중하고 있다고 말해주었다. 로버트가 내게 보낸 메일을 그대로 반송하면서 이렇게 썼다.

"다시 읽어봐요. 로버트가 스스로 원하지 않는 일들에 관해 얼마나 많이 이야기하고 있는지. 내 눈에도 로버트가 그 일로 감정이 격해져 있는 게 다 보여요. 그리고 강한 감정으로 어떤 대상에 집중하면, 그것이 더 빠르게 나타나게 됩니다!"

로버트는 '자신이 원하는 대상에 집중하라'는 이 말을 가슴으로 받아들이면서 정말로 노력하기 시작했다. 그 후 6-8주 동안에 일어난 일은 한마디로 기적이었다. 사무실에서 로버트를 괴롭히던 사람들이 모두 다른 부서로 전근되거나 회사를 그만두거나 혹은 로버트에게 신경 쓰지 않게 되었다. 그러자 로버트도 일을 사랑하기 시작했다. 거리를 걸어갈 때도 아무도 로버트를 괴롭히지 않았다. 괴롭힐 사람 자체가 없었다. 그의 코미디 연기에 청중들은 기립 박수를 보냈고, 비난하는 이는 아예 없었다!

원하지 않거나 두려워하는 대상에 집중하던 방식에서, 원하는 대상에 집중하는 방식으로 바꾼 덕분에 인생이 송두리째 바뀐 것이다. _빌 해리스(교사, 센터포인트 연구소 창립자)

로버트가 생각을 바꿨기 때문에 그의 삶도 바뀌었다. 로버트는 전과는 다른 주파수의 파장을 우주에 전송했다. 우주는 틀림없이 그 새로운 주파수에 맞는 그림을 로버트에게 보내준 것이다. 상황이 절망적으로 보이든 아니든 상관없이. 로버트의 새로운 생각이 새로운 주파수의 파장을 형성했고, 그러자 인생도 바뀌었다.

당신의 인생은 당신 손에 달려 있다. 지금 어디에 있든지 이제까지 어떤 일을 겪었든지, 이제부터는 의식적으로 생각을 선택하여 인생을 바꿀 수 있다. 절망적인 상황 따위는 없다. 모든 상황을 바꿀 수 있으니!

마음의 힘

당신이 마음속으로 가장 많이 생각하는 것이 당신에게로 끌려간다. 스스로 의식하든 의식하지 못하든. 물론 그게 문제지만. _마이클 버나드 백위스

당신이 과거에 자신의 생각을 의식했든 그렇지 않았든, '이제는' 점점 많이 의식하고 있으리라. 이제 '비밀'을 알게 되면서, 깊은 잠에서 깨어나 의식을 되찾고 있다. 비밀을 알고, 법칙을 알며, 생각에 담긴 힘을 의

식하라.

 마음의 힘과 의도의 힘이 우리 일상에 미치는 영향을 아주 주의 깊게 살펴보면, 그것이 늘 우리 삶에 관여하고 있음을 알게 된다. 그저 눈을 떠서 보기만 하면 된다. _존 디마티니 박사

 끌어당김의 법칙은 어디서나 볼 수 있다. 우리는 모든 것을 끌어당긴다. 사람들, 직업, 환경, 건강, 부, 빚, 기쁨, 자동차, 소속된 단체 등. 당신은 이 모든 것을 자석처럼 끌어당겼다. 당신이 생각하는 것이 현실이 되어 나타난다. 마음에서 일어나는 생각들이 외부로 드러난 것이 바로 삶이다. _리사 니콜스

우주는 판단하고 가리지 않는다. 끌어당김의 법칙에서 벗어나는 존재는 없다. 삶은 우리의 주된 생각을 반영하는 거울이다. 지상에 살아 움직이는 만물은 끌어당김의 법칙을 따라간다. 사람이 다른 생명체와 다른 점은 분별력이 있다는 사실. 자유의지를 써서 자기 생각을 선택할 수 있다. 의도적으로 생각하고, 그리하여 원하는 삶을 창조할 수 있다.

 뭔가 희망하거나 상상하면 이루어진다는 막연한 희망이나 엉뚱한

공상에 관해 이야기하려는 게 아니다. 훨씬 더 깊고 본질적인 원칙에 관해 이야기하려 한다. 양자물리학은 이 발견이 옳다는 점을 입증하기 시작했다. 양자물리학에 따르면, '정신'이 없으면 우주는 존재할 수 없고, 정신은 그것이 인식하는 대상을 실체로 만들어낸다.

_프레드 앨런 울프 박사(양자물리학자, 저술가)

우리가 우주에서 가장 강력한 송신탑이라는 비유를 떠올린다면, 그것이 울프 박사의 이야기와 딱 맞아 떨어진다는 점이 눈에 보이리라. 당신은 생각으로 자신의 삶을 만들 뿐 아니라 우주 창조에도 관여하게 된다. 이제까지 자신이 보잘것없고 세상에서 별로 힘도 없다고 생각했다면, 다시 생각해보라. 당신의 정신은 당신 주변의 세상을 만들어내고 있다.

양자물리학자들이 지난 80년간 이룬 대단한 공로와 발견은, 인간의 마음에 측량할 수 없는 창조력이 깃들어 있다는 사실을 우리 모두가 이해하는 데 도움을 주었다는 사실이다. 그 내용을 보면 카네기, 에머슨, 셰익스피어, 베이컨, 크리슈나무르티, 붓다 등 위대한 사람들이 한 말과 같다.

법칙을 이해하지 못한다고 해서 그 법칙을 거부할 필요는 없다. 당신은 전기를 이해하지 못할지 모르지만, 전기의 혜택을 누린다. 나도 전기가 어떻게 작동하는지 모른다. 하지만 이건 안다. 전기로 저

녁 요리를 만들 수도 있고, 자칫하면 인간 요리를 만들 수도 있다는 것을! _밥 프록터

사람들이 이 비밀을 알기 시작하면 자신이 온갖 부정적인 생각을 한다는 사실을 발견하고 겁내게 되기가 쉽다. 부정적인 생각보다 긍정적인 생각이 백배는 강력하다는 것이 과학적으로 입증됐다는 사실을 알아야 한다. 이를 깨닫는 것만으로도 단숨에 걱정이 상당히 줄어들 것이다. _마이클 버나드 백위스

부정적인 일이 삶에 나타나려면 부정적인 생각을 정말로 많이 하고 꾸준히 해야 한다. 일정 시간 동안 부정적인 생각에 매달리면 그것이 실현되어 나타날 것이다. 그러니까 부정적인 생각을 하면 어쩌지 하고 걱정하면, 더 걱정하게 되고, 이것이 다시 증폭되어 버린다. 앞으로 오직 좋은 생각만 하겠다고 결심하라. 그리고 좋은 생각은 모두 강력하지만 부정적인 생각은 약하다고 우주에 선언하라.

시간차가 있다는 사실을, 그러니까 생각하는 게 곧바로 이뤄지지 않는다는 것을 신께 감사하라. 그렇지 않았다면 골치 아팠을 것이다. 시간차라는 요소는 당신에게 도움이 된다. 그 시간에 다시 평가하고, 자

신이 원하는 걸 생각해보고, 새로 선택할 수 있기 때문이다. _리사 니콜스

인생을 창조할 모든 힘을, 당신은 다름 아닌 '지금' 사용할 수 있다. 당신이 생각하는 시간이 바로 '지금'이기에. '내가 전에 이런 생각을 했는데 그게 현실이 되면 안 될 텐데'라고 생각한다면, 바로 지금 생각을 바꿀 수 있다. 좋은 생각으로 이전의 생각을 지워버릴 수 있다. 새로운 생각으로 새로운 주파수의 파장을 전송할 수 있으니, 시간은 당신에게 도움이 되는 요소다.

 당신은 자신의 생각을 인식하고 조심스럽게 선택해야 하고, 이 과정을 즐겨야 한다. 당신 자신이 바로 당신 삶의 걸작이기 때문이다. 당신은 미켈란젤로의 작품이다. 당신이 조각하고 있는 다비드 상이 바로 당신이다. _조 바이텔리 박사

마음을 지배하는 한 가지 길은 마음을 고요하게 하는 법을 배우는 것이다. 이 책에 나오는 대가들은 예외 없이 날마다 명상을 한다. '비밀'을 발견하기 전까지는 나도 명상이 얼마나 강력한지 알지 못했다. 명상은 마음을 잠잠하게 하고, 생각을 평화롭게 하는 데에도 이로우며, 몸에 생기를 불어넣어준다. 더 좋은 건 명상하기 위해 시간을 따로 떼어놓을 필

요가 없다는 사실이다. 그저 하루를 시작하면서 3-10분 정도 명상하면 생각을 평화롭게 하는 데 믿어지지 않을 정도로 도움이 된다.

자신의 생각을 인식하려면, "나는 내 생각의 주인이다"라고 말하여 자신의 의도를 밝히는 것도 좋다. 이 문구를 자주 말하고, 자주 명상하라. 그러면 끌어당김의 법칙에 따라 말한 대로 될 것이다.

당신은 '가장 멋진 자신'을 창조하는 방법을 배우고 있다. 가장 멋진 당신이 존재할 가능성은 이미 '가장 멋진 당신 주파수'에 들어 있다. 무엇이 되고 싶고, 무엇을 하고 싶고, 무엇을 갖고 싶은지 결정하라. 그리고 그것을 생각하고, 그 주파수의 파장을 보내면, 비전이 현실이 될 것이다.

- 인생의 커다란 비밀은 바로 끌어당김의 법칙이다.

- 끌어당김의 법칙이란 비슷한 것끼리 끌어당긴다는 뜻이다. 따라서 어떤 생각을 하면 그와 비슷한 생각들이 떠오르게 된다.

- 생각에는 끌어당기는 힘과 주파수가 있다. 어떤 것을 생각하면 그 생각이 우주로 전송되고, 이는 자석처럼 같은 주파수에 있는 것들을 끌어당긴다. 전송한 것들은 모두 원점, 즉 당신에게 돌아간다.

- 당신은 인간 송신탑처럼 생각으로 특정 주파수의 파장을 전송한다. 인생이 달라지기를 바란다면, 생각을 바꿔서 주파수를 바꿔라.

- 현재의 생각이 미래의 삶을 만들어낸다. 가장 많이 생각하고 집중하는 대상이 삶에 나타날 것이다.

- 생각은 물질이 되어 나타난다.

비밀에 접근하는 법

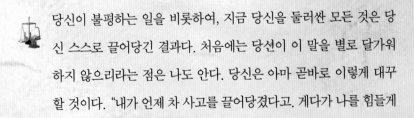

우리는 법칙에 따라 움직이는 우주에서 살아간다. 이를테면 중력의 법칙이 있다. 당신이 건물에서 뛰어내리면 좋은 사람이든 나쁜 사람이든 바닥에 떨어질 것이다. _마이클 버나드 백위스

끌어당김의 법칙은 자연의 법칙이다. 중력의 법칙처럼 공평하여 사람을 가리지 않는다. 또 정확하고 확실하다.

당신이 불평하는 일을 비롯하여, 지금 당신을 둘러싼 모든 것은 당신 스스로 끌어당긴 결과다. 처음에는 당신이 이 말을 별로 달가워하지 않으리라는 점은 나도 안다. 당신은 아마 곧바로 이렇게 대꾸할 것이다. "내가 언제 차 사고를 끌어당겼다고. 게다가 나를 힘들게

하는 이 고객도 내가 끌어당긴 게 아니야. 빚도 마찬가지고." 그러면 나는 조금은 무례하게, "당신이 끌어당긴 게 맞다"고 할 것이다. 이 법칙은 받아들이기가 무척 어렵지만, 일단 받아들이고 나면 인생이 바뀐다. _조 바이탤리 박사

사람들이 이런 이야기를 처음 들으면 엄청난 인명이 살상된 사례를 떠올리고는, "그 많은 사람이 같은 생각으로 똑같은 사건을 끌어당겼을 리 없어"라면서 이해하지 못할 것이다. 끌어당김의 법칙에 따르면, 그 사람들은 그 사건과 같은 주파수대에 있었다고 볼 수 있다. 그 사람들이 반드시 '바로 그 사건'을 생각했다는 뜻이 아니라, 그 사람들이 가지게 된 생각의 주파수가 벌어진 사건의 주파수와 맞아 떨어졌다는 말이다. 누군가 '우연히 어딘가 갔는데 하필 그때 나쁜 일이 일어나면 어떡하지. 게다가 내가 어떻게 할 수 없는 큰 사건이라면' 하고 생각한다면, 또 그런 두렵고 힘 빠지는 생각이 지속된다면, 정말로 '안 좋은 때 안 좋은 곳에 가게 될' 소지도 있다.

당신은 지금 선택할 수 있다. 그저 운에 따라서 이런 나쁜 일들이 자신에게 일어날 수 있다고 믿고 싶은가? 하필 나쁜 일이 일어날 때 그곳에 가서 사건을 겪게 될 수도 있다고 믿고 싶은가? 자신이 환경을 제어할 수 없다고 믿고 싶은가?

아니면 인생이 자신의 손에 달려 있고, 당신이 좋은 생각만 하면 좋은 일만 일어날 것이라고 믿고 싶은가? 당신은 선택할 수 있다. 그리고 뭘 선택하든지 그에 따라 삶을 경험하게 되리라.

지속적인 생각으로 끌어당기지 않는 한 무엇도 당신 인생에 나타날 수 없다.

우리는 대부분 막무가내로 끌어당긴다. 자신에게 일어나는 일을 통제할 방법은 전혀 없다고 믿어버린다. 그리하여 생각과 감정을 자동 조종 장치에 맡겨버리기에, 모든 일이 되는 대로 일어난다. _밥 도일

어떤 사람도 원치 않는 일을 고의적으로 끌어당기지는 않을 것이다. '비밀'을 알지 못해서, 원치 않는 일들이 자신이나 주변 사람들의 삶에 나타났으리라. 이는 오직 생각에 담긴 거대한 창조력을 알지 못했기 때문이다.

당신이 이 말을 처음 듣는다면 이렇게 생각할지 모른다. "뭐야, 내 생각을 일일이 감시하라고? 엄청 힘들겠는데." 처음에는 그렇게 느껴질지 모르지만, 바로 그게 재미있는 부분이다. _조 바이텔리 박사

재미있는 점은 '비밀'에 지름길이 여럿 있다는 사실이다. 당신은 자신

에게 가장 잘 맞는 길을 선택하면 된다. 그 방법은 계속 읽다 보면 알게
될 것이다.

 모든 생각을 감시하기란 불가능하다. 과학자들은 사람이 하루에
6천 가지 생각을 한다고 말한다. 그 6천 가지 생각을 다 통제하려고
하면 얼마나 녹초가 될지 상상이 가는가? 다행히도 쉬운 방법이 있
다. 그건 바로 감정이다. 감정을 보면 자신이 뭘 생각하는지 알 수
있다. _마시 시모프(저술가, 인간 개혁 리더)

감정은 대단히 중요하다. 감정은 당신이 인생을 창조하게 도와주는 가
장 멋진 도구다. 생각은 모든 결과의 일차적인 원인이다. 당신이 세상에
서 보고 경험하는 모든 일은 결과이고, 감정 역시 그런 결과의 하나다. 원
인은 늘 당신의 생각이다.

감정은 우리가 뭘 생각하는지 알게 해주는 멋진 선물이다. _밥 도일

감정은 자신이 뭘 생각하는지 재빠르게 알려준다. 감정이 갑자기 곤두
박질쳤던 때를 생각해보라. 어쩌면 나쁜 소식을 들었을 때였는지 모른
다. 그 감정은 소식을 들은 즉시 생겨났을 것이다. 그러니까 감정은 당신

이 뭘 생각하는지 알려주는 즉각적인 신호다.

당신은 자신이 어떤 감정을 느끼는지 '인식하고', 그 감정의 주파수를 찾아야 한다. 그래야 자신의 생각을 가장 빠르게 알 수 있기에.

 우리에게는 두 가지 감정이 있다. 좋은 감정과 나쁜 감정. 그리고 우리는 이 둘이 어떻게 다른지 안다. 좋은 감정이 생기면 기분이 좋아지고, 나쁜 감정이 생기면 기분이 나빠지기 때문이다. 우울, 분노, 원한, 죄책감. 이런 감정이 느껴지면 힘이 빠진다. 그것들은 나쁜 감정이므로. _리사 니콜스

아무도 당신이 기분이 좋은지 나쁜지 알려줄 수 없다. 어떤 순간 자신의 감정을 아는 것은 자신뿐이기 때문이다. 당신이 자신의 감정을 잘 모르겠다면 이렇게 자문해보라. "지금 내가 느끼는 감정이 뭐지?" 하루를 보내면서 자주, 하던 일을 잠시 멈추고 이 질문을 던지면 자신의 감정을 더 잘 알게 될 것이다.

가장 중요한 점은 기분이 나쁘면서 동시에 좋은 생각을 할 수는 없다는 사실이다. 그건 법칙에 위배된다. 생각이 감정을 만들므로. 지금 기분이 나쁘다면, 그런 나쁜 기분이 드는 생각을 하고 있기 때문이다.

생각은 주파수를 결정하고, 감정은 당신이 어떤 주파수에 있는지 곧

바로 알게 해준다. 어떤 순간 기분이 좋지 않다면, 나쁜 일이 더 많이 일어나도록 끌어당기는 주파수에 맞춰져 있다는 뜻이다. 끌어당김의 법칙은 '틀림없이' 그에 반응해서 기분이 나빠질 일과 나쁜 일을 당신에게 더 많이 되돌려 보낼 것이다.

어떤 순간 당신이 기분이 언짢으면서도 생각을 바꿔서 기분이 나아지도록 노력하지 않는다면, 결국 이렇게 말하는 셈이다. "기분 나빠질 상황아, 더 많이 일어나라! 더 많이!"

또 한 가지 측면은 좋은 감정과 좋은 느낌이다. 기분이 좋아진다면, 좋은 감정과 느낌이 왔다는 뜻이다. 흥분, 기쁨, 감사, 사랑. 이런 감정을 날마다 느낀다면 어떨지 상상해보라. 좋은 감정이 찾아올 때 이를 기쁘게 여긴다면, 그 감정과 그것을 느끼게 해주는 일이 더 많이 일어나게 된다. _리사 니콜스

아주 간단하다. '지금 내가 무엇을 끌어당기고 있지?'의 답이 알고 싶은가? 지금 기분이 어떤가? 좋은가? 그러면 잘 하고 있는 것이다. 계속 그렇게 하라. _밥 도일

기분이 좋으면서 동시에 부정적인 생각을 할 수는 없다. 기분이 좋다

면, 좋은 생각을 하고 있기 때문이다. 당신은 무엇이든 원하는 대로 얻을 수 있다. 한계는 없다. 하지만 한 가지. 기분이 좋아야 한다. 게다가 곰곰 생각해보면, 결국 그게 당신이 원하는 게 아니던가? 법칙은 참으로 완벽하다.

기분이 좋다면, 목적지로 이어지는 길에 올라서 있는 것이다. 기분이 나쁘다면, 목적지로 이어지지 않는 길에 올라서 있는 것이다. 당신이 하루를 지내는 동안 끌어당김의 법칙은 매순간 작용한다. 우리가 생각하고 느끼는 모든 것이 미래를 결정하고 있다. 걱정하거나 두려워하면, 걱정과 두려움이 당신 삶으로 더 많이 들어올 것이다. _마시 시모프

기분이 좋을 때, 당신은 틀림없이 좋은 생각을 하고 있는 것이다. 그러면 강력한 파장이 흘러나가서 기분이 좋아지는 일이 더 많이 끌려온다. 기분이 좋은 순간을 포착하고 그 순간을 최대한 활용하라. 기분이 좋을 때, '좋은 일을 더 많이 끌어당기고 있음'을 기억하라.

한걸음 더 나가보자. 당신이 뭘 생각하는지 알게 해주려고 '우주'가 보내는 신호가 바로 감정이라면?

감정은 우리가 길을 제대로 가고 있는지 아닌지 알려주는 피드백 회로다. _잭 캔필드

생각이 모든 일의 첫째 원인이라는 걸 잊지 마라. 그래서 지속적으로 뭔가를 생각하면 그것이 즉시 우주로 전송된다. 생각은 자석처럼 그와 비슷한 파장을 끌어당겨서 몇 초 만에 당신에게 돌려보내는데, 이것이 바로 감정으로 나타난다. 다르게 표현하자면, 감정은 우주가 당신에게 되돌려 보내는 신호다. 당신이 어떤 주파수대에 있는지 알려주려고. 감정은 우리의 주파수를 알려주는 회로다.

기분이 좋다면, 우주가 이렇게 말하는 거라고 보면 된다. "당신은 지금 좋은 생각을 하고 있군." 마찬가지로 기분이 나쁘다면, 우주가 이렇게 말하고 있다고 보면 맞다. "당신은 지금 나쁜 생각을 하고 있어."

따라서 기분이 나쁘다면, 그 감정은 우주가 보내는 신호로 사실은 이런 의미를 담고 있다. "중지! 당장 생각을 바꾸시오. 부정적인 주파수가 잡히고 있음. 주파수 변경 요망. 곧 현실로 나타날지 모름. 경고!"

다음에 기분이 나빠지거나 부정적인 감정이 느껴지거든 우주에서 보내는 신호에 귀를 기울여라. 그 순간 당신은 부정적인 주파수대에 있어서 자신에게 좋은 것이 오지 못하게 가로막고 있다. 생각을 바꿔서 좋은 일을 생각하라. 기분이 좋아지기 시작하면 당신이 새로운 주파수대로 생

각을 바꿨고 우주가 그에 반응해서 좋은 감정을 보내줬다는 점을 알게 되리라.

> 당신은 '생각하는 것' 보다는 '느끼는 것'을 받게 된다.
> 그렇기 때문에 아침에 일어나자마자 실수를 저지르면 그날 하루를 망치는 일이 흔한 것이다. 사람들은 감정만 바꾸면 하루 전체를, 심지어 인생까지도 바꿀 수 있다는 사실을 전혀 모른다.
> 하루를 좋게 시작하고 그 좋은 감정을 느끼고 있으면, 어떤 일로 기분이 바뀌지 않는 한 끌어당김의 법칙에 따라 계속해서 기분이 좋아질 상황과 사람들을 끌어당기게 된다. _밥 도일

누구라도 일이 계속 꼬이는 상황이나 시기를 보낸 적이 있을 것이다. 이런 연쇄반응은 당신이 인식했든 못했든, 고작 생각 하나에서 비롯된 것이다. 나쁜 생각 하나가 그와 같은 생각을 더 끌어당기고, 그 주파수대에 갇혀서 결국 나쁜 일이 벌어지고 만 것이다. 이때 그 나쁜 일에 반응을 보이며 나쁜 생각을 하면, 다시 나쁜 일을 더 끌어들이게 된다. 이런 반응은 같은 일을 더 끌어당길 뿐이다. 연쇄반응은 의도적으로 생각을 바꿔서 그 주파수대에서 벗어나지 않는 한 계속 일어난다.

당신은 생각을 전환하여 원하는 일을 생각할 수 있다. 그러면 감정이

바뀌면서 자신의 주파수가 바뀌었다는 점이 확인된다. 끌어당김의 법칙 은 바뀐 주파수를 감지해서 거기에 맞는 경험을 당신 삶에 되돌려준다.

이렇게 감정을 활용하면, 원하는 것이 초고속으로 실현되어 나타나게 할 수 있다.

당신은 감정에 '원하는 것'을 실어서 전송함으로써 감정을 의도적으 로 더 강력하게 전송할 수도 있다.

> 당신은 당장이라도 건강하다고 느낄 수 있다. 풍요롭다고도 느낄 수 있다. 자신을 둘러싼 사랑을 느낄 수 있다. 주변에 사랑이 없을 지라도. 이렇게 하면 우주가 당신의 노래에 감응한다. 우주는 그 노 래에 담긴 감정에 반응하여 그에 맞는 일이 현실에 나타나게 할 것 이다. _마이클 버나드 백위스

지금 기분이 어떤가? 잠시 자신이 어떤 기분인지 생각해보라. 원하는 만큼 기분이 좋지 않다면 내면의 감정을 느끼는 데 집중하고, 그 감정을 의도적으로 고조시켜라. 감정에 강하게 집중하면서 그걸 끌어올리려고 하면, 실제로 감정을 고조시킬 수 있다. 한 가지 방법은 눈을 감아 주의를 산만하게 하는 것들을 차단하고, 내면의 감정에 집중한 다음, 1분간 웃는 것이다.

생각과 감정이 당신 인생을 창조한다. 앞으로도 늘 그럴 것이다. 장 담한다! _리사 니콜스

중력의 법칙처럼 끌어당김의 법칙에도 예외란 없다. 중력의 법칙에 예외가 생기거나 하필이면 어느 날 법칙이 깜빡 조는 바람에 돼지가 날아다니는 모습을 본 적은 없으리라. 마찬가지로 끌어당김의 법칙도 예외가 없다. 뭔가가 당신에게 갔다면, 당신이 끌어당겨졌다는 뜻이다. 지속적인 생각으로 끌어당겨졌다는 의미다. 끌어당김의 법칙은 틀림이 없다.

받아들이기는 어렵지만 가슴을 열고 받아들이기 시작하면 경이적인 결과가 따라온다. 당신이 과거에 어떤 생각을 했든지 의식을 바꾸면 그걸 뒤엎을 수 있다는 뜻이기 때문이다. _마이클 버나드 백위스

당신은 무엇이든 바꿀 수 있다. 자신의 생각을 선택하고 자신의 감정을 느끼는 사람은 바로 당신이기에.

"당신은 살아가면서 자신의 우주를 창조한다."

- 윈스턴 처칠

기분 좋다고 느끼는 건 정말 중요하다. 이것이 신호가 되어 우주로 전송되면 그와 같은 것을 더 끌어당기기 때문이다. 그러니까 기분이 좋을수록 기분이 좋아지는 일들을 더 많이 끌어당기게 되고, 위로 위로 올라갈 수 있게 된다. _조 바이탤리 박사

기분이 우울할 때, 이를 즉시 바꿀 수 있다는 사실을 아는가? 아름다운 음악을 틀거나 노래를 불러라. 기분이 바뀔 것이다. 아니면 아름다운 일을 생각하라. 당신이 아주 사랑하는 사람이나 아기를 떠올리고 그를 한동안 생각하라. 마음에서 그 생각을 놓지 마라. 그 생각 외에는 모두 차단하라. 장담하건대 기분이 좋아지기 시작하리라. _밥 프록터

'기분 전환 도우미' 목록을 남몰래 준비하라. 기분 전환 도우미란 당장 기분이 바뀌게 해주는 것들을 말한다. 아름다운 추억, 미래의 사건, 웃기는 사건, 자연, 사랑하는 사람, 좋아하는 음악 등이 될 것이다. 화가 나거나 짜증이 나거나 기분이 좋지 않을 때, '기분 전환 도우미' 목록을 보면서 거기에 집중하라. 각각의 것들은 각기 다른 상황에 맞아떨어질 테니까 한 가지가 효과가 없으면 다른 걸 써보라. 고작 1-2분만으로 기분이 확 달라진 자신을 발견할 수 있을 것이다.

사랑, 그 위대한 감정

'기분 좋아' 원칙은 애완동물에게도 적용된다. 동물은 훌륭한 친구다. 애완동물을 보면 감정이 대단히 고조되기 때문이다. 애완동물에게 사랑을 느낄 때, 그 사랑 덕분에 당신 삶에 좋은 일이 일어날 것이다. 이 얼마나 멋진 선물인가. _제임스 레이(철학자, '풍요와 인간 잠재력 프로그램' 창시자)

"생각과 사랑이 더해지면, 끌어당김의 법칙에 저항할 수
없는 힘이 생겨난다."

- 찰스 해낼

우주에 사랑보다 강한 힘은 없다. 사랑이라는 감정은 당신이 송신할 수 있는 가장 높은 주파수의 파장이다. 모든 생각을 사랑으로 감쌀 수 있다면, 만물과 만인을 사랑할 수 있다면, 당신 인생은 달라질 것이다.

사실 과거의 몇몇 위대한 사상가들은 끌어당김의 법칙을 사랑의 법칙이라고 불렀다. 생각해보면 이해가 갈 것이다. 누군가에게 불친절한 생각을 품으면 불친절한 생각이 '당신' 현실에 나타나는 걸 경험하게 된다. 결국 다른 사람에게 상처를 준 게 아니라 바로 당신 자신에게 상처를

준다는 뜻이다. 당신이 사랑을 담아 생각하면 누가 혜택을 받을까? 바로 당신! 그러니까 당신이 주로 사랑을 생각한다면, 끌어당김의 법칙, 사랑의 법칙이 가장 강하게 반응한다. 사랑은 가장 높은 주파수에 있기 때문이다. 더 큰 사랑을 느끼고 내보낼수록, 더 큰 힘을 얻게 된다.

> "생각과 생각의 대상을 연결해주는 원동력이자, 모든 불행한 상황을 지배하게 해주는 원리는 바로 끌어당김의 법칙이고, 이를 다른 말로 사랑의 법칙이라 한다. 이것은 만물에, 모든 철학과 종교와 과학에 담겨 있는 근본 원리다. 사랑의 법칙에서 벗어날 길은 없다. 생각에 생명력을 주는 것은 바로 감정이다. 감정은 욕구고, 욕구는 사랑이다. 사랑이 스며든 생각은 무적이 된다."
>
> - 찰스 해널

일단 자신의 생각과 감정을 이해하고 진실로 지배하게 되는 순간, 바로 그때 당신이 자신의 현실을 창조한다는 사실을 알리라. 바로 거기에서 자유와 힘이 나온다. _마시 시모프

일전에 마시 시모프가 알베르트 아인슈타인의 멋진 인용문을 알려준

적이 있다. "사람이 자신에게 던질 수 있는 가장 중요한 질문은 이것이다. '이 우주는 우리에게 우호적인가?'"

끌어당김의 법칙을 안다면 대답은 오직 "그렇다. 이 우주는 우리에게 우호적이다"가 되어야 할 것이다. 왜? 이렇게 대답하면 끌어당김의 법칙에 따라서 '우주가 우호적으로' 될 테니까. 알베르트 아인슈타인은 '비밀'을 알았기 때문에 이 질문을 던진 것이다. 아인슈타인은 누군가에게 그 질문을 던지면, 그 사람이 이를 생각하고 답을 선택할 수밖에 없다는 점을 알았다. 질문을 던진 것만으로 대단한 기회를 준 셈이다.

아인슈타인의 말을 더 깊이 파고들어가 보면, 이렇게 주장할 수 있다. "이 우주는 근사한 곳이다. 우주는 내게 온갖 좋은 것을 준다. 모든 일에서 나를 도와준다. 내가 어떤 일을 하든지 나를 지지한다. 내게 필요한 것을 즉각 보내준다." 받아들여라! 이 우주가 우호적인 곳임을.

 '비밀'을 배워서 적용하기 시작한 후로, 내 인생은 정말로 마법처럼 바뀌었다. 모든 사람이 꿈꾸는 삶이 바로 내가 요즘 살아가는 삶이 아닐까 한다. 나는 45억짜리 저택에 산다. 목숨을 바칠 수 있는 아내도 있다. 온갖 멋진 곳으로 휴가도 간다. 산도 탄다. 탐험도 해봤고, 사파리도 가봤다. 그리고 이 모든 일은 앞으로도 계속 일어날 것이다. 비밀을 알고 있기에. _잭 캔필드

인생은 진실로 경이적일 수 있고, 그래야 하고, 그렇게 될 것이다.
'비밀'을 사용하기 시작한다면. _밥 프록터

이것은 당신의 삶이고, 당신이 자신을 발견해주기를 기다려 왔다. 지금까지 당신은 삶이 힘겹고 전쟁 같다고 생각했을지 모른다. 그래서 법칙에 따라서 힘들고 전쟁 같은 삶을 경험했을 것이다. 지금부터 우주에 소리쳐라. "인생은 정말 쉬워! 정말 멋져! 온갖 좋은 일이 일어난다구!"

당신의 내면 깊은 곳에는 당신이 발견해주기를 기다리는 진실이 있다. 그 진실은 바로 이것이다. "당신은 삶이 선사하는 모든 좋은 것을 누릴 자격이 있다." 당신은 이를 본능적으로 안다. 좋은 일이 없을 때면 끔찍하다고 느끼지 않던가. 우리는 모든 좋은 것을 누릴 권리가 있다. 당신은 당신 자신의 창조자이고, 끌어당김의 법칙은 원하는 것을 창조하게 해주는 멋진 도구다. 마법 같은 삶의 무대에 온 근사한 당신, 환영한다!

Secret Summaries

- 끌어당김의 법칙은 자연의 법칙이다. 중력의 법칙이 그렇듯, 사람을 가리지 않는다.

- 지속적인 생각으로 불러들이지 않는 한 그 무엇도 삶에 나타나지 않는다.

- 자신이 무엇을 생각하는지 알려면 자신의 감정을 살펴라. 감정은 자신의 생각을 곧바로 알게 해주는 귀중한 도구다.

- 기분이 나쁘면서 동시에 좋은 생각을 할 수는 없다.

- 생각은 주파수를 결정하고, 감정은 자신이 어떤 주파수에 있는지 즉시 알려준다. 기분이 나쁘다면, 나쁜 일을 더 많이 끌어당기는 주파수에 있다는 뜻이다. 기분이 좋다면, 좋은 일을 더 많이 끌어당기는 주파수에 있다는 뜻이다.

- '기분 전환 도우미', 즉 즐거운 기억, 자연, 좋아하는 음악 등은 곧바로 감정을 전환해서 주파수를 바꾸게 해준다.

- 사랑이라는 감정은 우리가 전송할 수 있는 가장 높은 주파수의 파장이다. 더 큰 사랑을 느끼고 내뿜을수록, 더 큰 힘을 이용할 수 있게 된다.

비밀을 활용하는 법

　당신은 창조자다. 그 창조 과정을 손쉽게 만들어주는 방법이 있다. 위대한 스승과 대가들은 그들이 남긴 훌륭한 작품에서 '창조 과정'을 무수히 다양한 방식으로 알려주었다. 어떤 스승은 이야기를 만들어서 우주의 작동 원리를 보여주기도 했다. 그 이야기에 담긴 지혜는 오랜 세월 전해 내려오며 전설이 되었다. 이 이야기들의 핵심에 삶의 진실이 숨어 있다는 점을 요즘 사람들은 잘 모른다.

　알라딘과 마술램프를 생각해보라. 알라딘이 램프를 주워들고 먼지를 털자 지니가 튀어나온다. 지니는 늘 똑같은 말만 한다.

"분부만 내리십시오."

전해지는 이야기에 따르면 세 가지 소원을 말해야 하지만, 원래 이

야기를 추적해보면 소원의 개수에는 제약이 없다.

이것이 무엇을 뜻하는지 생각해보라.

이제 이 비유를 당신 삶에 적용해보자. 알라딘은 '원하는 것'을 요청한다는 사실을 명심하라. 당신에게는 우주 전체가 바로 지니다. 전통적으로 이것은 여러 가지 명칭으로 불렸다. 수호천사, 고차원적인 자아 등. 이름은 뭐라고 붙여도 좋으니 당신이 제일 맘에 드는 걸로 하라. 하지만 어떤 가르침을 봐도, 우리보다 더 큰 뭔가가 존재한다고 나온다. 그리고 지니는 늘 이렇게 말한다.

"분부만 내리십시오."_제임스 레이

이 멋진 이야기는 인생의 모든 것을 창조한 주체가 바로 당신이라는 점을 보여준다. 지니는 단지 당신 명령에 따랐을 뿐. 지니는 바로 끌어당김의 법칙이고, 항상 깨어서 당신이 생각하고 말하고 행동하는 모든 것에 귀를 기울인다. 지니는 당신이 생각하는 것은 전부 소원이라고 가정한다! 말하는 것도 마찬가지다. 행동하는 것 역시. 당신은 우주의 주인이고, 지니는 당신의 종이다. 지니는 결코 당신의 명령에 의문을 제기하지 않는다. 당신이 생각하면, 지니는 당신의 소원을 이루어주려고 곧바로 우주와 사람과 환경과 사건을 움직이기 시작한다.

창조 과정

이 책에 사용된 '창조 과정'은 성서에서 가져온 내용인데, 간단하게 세 단계로 소망을 이루는 방법을 알려준다.

1단계. 구하라

첫 단계는 '구하기'다. 우주에 명령을 내려라. 당신이 뭘 원하는지 우주에 알려라. 우주가 당신 생각에 응답할 것이다. _리사 니콜스

진정으로 원하는 게 무엇인가? 앉아서 종이에 기록해보라. 현재형으로 적어라. "___해서 정말 기쁘고 감사하다"라고 시작해도 좋다. 그런 다음에 ___ 부분에 무엇이든 원하는 것을 적어라. _밥 프록터

당신은 원하는 것을 선택할 수 있지만, 그것이 무엇인지 분명하게 알아야 한다. 바로 그것이 당신이 할 일이다. 명확하지 않으면 끌어당김의 법칙이 당신 소망을 들어주지 못한다. 뒤죽박죽된 신호를 전송하면 뒤죽박죽된 결과만 얻을 뿐이다. 태어나 처음이 될지도 모르겠지만, 정말로 원하는 것을 한번 기록해보라. 무엇이든 되고, 하고, 가질 수 있고 어떤

한계도 없다. 무엇을 원하는가?

창조 과정의 첫 단계는 '구하기'다. 그러니까 구하는 습관을 들여라. 뭔가 선택해야 하는데 어디로 가야 좋을지 모르겠다면, 요청하라. 당신은 어떤 일에도 시달려서는 안 된다. 그냥 요청하라!

정말 재미있다. 마치 우주가 카탈로그가 되어버리는 느낌이다. 당신은 카탈로그를 넘기면서 말한다. "이런 경험하고, 저런 물건하고, 그런 사람을 원해." 우주에 주문을 넣는 사람은 바로 '당신'이다. 정말 쉽지 않다. _조 바이탤리 박사_

당신은 구하고 또 구할 필요가 없다. 한 번만 요청하라. 카탈로그에서도 한 번만 주문하지 않는가. 주문을 해놓고 잘 들어갔는지 의심해서 또 주문하고 다시 주문하고 마지막으로 또 한 번 하지는 않는다. 주문은 한 번만 한다. 창조 과정에서도 같다. 1단계에서는 당신이 뭘 원하는지 명확하게 하기만 하면 된다. 명확해졌다면, 이미 요청한 것이다.

2단계. 믿어라

두 번째 단계는 '믿기'다. 소원이 이미 이뤄졌다고 믿어라. 나는 이

걸 '흔들리지 않는 믿음' 이라 부른다. 보이지 않는 것을 믿어라. _러사

니콜스

당신은 원하는 걸 이미 받았다고 믿어야 한다. 소원을 요청하는 순간 이미 당신 것이 되었다고 믿어야 한다. 완벽하고 철저하게 믿어야 한다. 카탈로그에서 뭔가 주문했을 때, 당신은 마음을 편히 먹고, 주문한 걸 받으리라 믿고 살아나갈 것이다.

"당신이 원하는 것들이 이미 당신 것이라고 여겨라. 그것
이 필요할 때 당신에게 찾아간다는 사실을 알라. 그런 뒤
에 당신에게 오게 하라. 안달하거나 걱정하지 마라. 지금
그것이 없는 상황에 관해 생각하지 마라. 이미 당신 것으
로, 당신에게 있다고 생각하라."

- 로버트 콜리어(1885-1950년)

요청하고, 보이지 않는 차원에서는 그것이 이미 당신 것이라고 믿는 순간, 온 우주가 그것을 눈에 보이는 것으로 나타나게 하려고 작용하기 시작한다. 당신은 반드시 이미 이를 받은 것처럼 행동하고 말하고 생각해야 한다. 우주는 거울이고, 끌어당김의 법칙은 당신의 지배적인 생각

을 거울처럼 반사한다. 그러니까 이미 소망을 이룬 모습이 거울에 비치게 해야 이치에 맞지 않겠는가? 아직 이뤄지지 않았다는 생각이 남아 있다면, 여전히 '이뤄지지 않은 상태'를 끌어당기게 될 것이다. 반드시 이미 이뤄졌다고 믿어야 한다. 이미 얻었다고 믿어야 한다. 이미 받은 사람과 같은 신호를 전송해야만 그것이 삶에 나타날 것이다. 그러면 끌어당김의 법칙이 모든 상황과 사람과 사건을 움직여 소망을 이루어준다.

휴양지에 예약하거나, 신차를 주문하거나, 집을 매입할 때, 당신은 그것이 자신의 소유가 된다는 사실을 안다. 동시에 다른 휴양지에 예약하거나, 다른 차나 집을 또 사지는 않는다. 복권에 당첨되거나 막대한 유산을 물려받았다면, 실제로 돈을 받기 전에도 그것이 당신 것임을 안다. 당신 것으로 믿으라는 말은 바로 이런 느낌을 말한다. 이미 받았다고 믿으라는 말 역시 바로 이런 느낌을 말한다. 소망이 이미 이루어졌다고 느끼고 믿음으로써 그것이 당신 것이라고 주장하라. 그렇게 할 때 끌어당김의 법칙이 상황과 사람과 사건을 움직여 소망을 이뤄줄 것이다.

어떻게 하면 믿을 수 있을까? 믿는 척 하라. 아이처럼, 그런 척 해보라. 원하는 게 이미 당신에게 있는 척 해보라. 그러면 정말로 이미 받았다고 믿기 시작하게 될 것이다. 지니는 지배적인 생각에 반응한다. 요청하는 순간의 생각에 반응하는 것이 아니다. 그렇기 때문에 요청한 뒤에는 반드시 계속해서 믿어야 한다. 믿어라. 이미 이뤄졌다는 믿음이 바로 당신

의 가장 큰 힘이다. 이미 믿고 있다면, 준비하라. 마법이 시작될 것이다!

"당신은 원하는 건 무엇이든 얻을 수 있다. 생각으로 그것
의 틀을 만들어낼 줄만 알면 된다. 당신을 통해 작동하는
창조력을 활용하는 법만 배우면 이루지 못할 꿈이란 없다.
이 방법은 모든 사람에게 적용된다. 힘을 얻는 열쇠는 자
신에게 이미 있는 것들을 자유롭고 충분하게 활용하는 것
이다. 그리하여 더 큰 창조력이 당신을 통해 흐르도록 채
널을 열어두면 된다."

- 로버트 콜리어

우주는 스스로 바뀌어가면서 당신 소망을 이루어줄 것이다. _조 바이텔
리 박사

사람들은 대부분 정말로 원하는 것이 있어도 그것이 이루어지리라
고 결코 생각지 않는다. 어떻게 해서 이루어질지 상상이 되지 않기
때문에. _잭 캔필드

조금만 조사해보면, 뭔가를 성취한 사람은 하나같이 '어떻게 해내

야 하는지'는 몰랐다. 단지 '해낼 것'이라는 점만 알았다. _밥 프록터

 당신은 소원이 어떤 방식으로 이루어질지 알 필요가 없다. 우주가 어떤 방식으로 스스로를 바꾸어 나갈지 알 필요가 없다. _조 바이텔리 박사

어떻게 그것이 이뤄질지, 어떻게 우주가 그것을 당신에게 보내줄지, 그것은 당신이 신경 쓸 필요가 없다. 우주가 일하도록 내버려둬라. 어떻게 이뤄질지 알아내려고 애를 쓰면, 믿음이 부족하다는 신호를 전송하게 된다. 이미 이루어졌다고 믿지 않는다는 신호를. 당신 스스로 해야 한다고 생각하고, 우주가 해주리라고 믿지 못하는 것이다. '어떻게'는 창조 과정에서 당신이 할 일이 아니다.

어떻게 올지는 모른다. 방법도 끌어당기면 된다. _밥 프록터

 우리는 요청한 것이 눈에 보이지 않으면 대부분 좌절해버린다. 실망한다. 그리고 의심하기 시작한다. 의심은 실망을 낳는다. 의심을 바꿔라. 의심이 떠오르거든 이를 인식하고 흔들리지 않는 믿음으로 바꿔라. "오고 있는 게 틀림없어"라고 생각하라. _리사 니콜스

3단계. 받아라

 세 번째 단계이자 마지막 단계는 '받기'다. 멋진 기분을 느껴라. 이미 받았을 때 느낄 감정을 느껴라. 지금 느껴라. _리사 니콜스

 이 과정에서 행복을 느끼고 기분이 좋아지는 게 중요하다. 기분이 좋으면, 원하는 것과 같은 주파수대에 있게 되기 때문이다. _마시 시모프

 감정이 중요하다. 당신이 뭔가를 그저 지성으로만 믿고 그와 연관된 감정은 느끼지 않는다면, 당신이 원하는 것을 당신의 인생에 나타나게 해줄 힘이 부족할지 모른다. 느껴야 한다. _마이클 버나드 백위스

먼저 요청하고, 이미 받았다고 믿고, 그런 다음에는 그저 좋은 기분을 느끼기만 하면 된다. 기분이 좋으면 '받아들이는' 주파수대에 있게 된다. 온갖 좋은 것들과 같은 주파수에 들어가서, 요청한 것을 받게 된다. 받아서 기분이 좋아질 일이 아니라면 애초에 요청하지도 않았을 것이다. 그렇지 않은가? 그러니까 기분 좋을 때의 주파수에 맞춰라. 그러면 받을 것이다.

그 주파수에 빨리 맞추는 한 가지 방법은 이렇게 말하는 것이다. "난

지금 받고 있어. 온갖 좋은 것들을 받고 있고, 내 소망을 지금 받고 있어." 그리고 느껴라. 마치 받았을 때처럼.

내 절친한 친구인 마시는 내가 만난 사람들 가운데 그 누구보다 소망을 잘 실현해낸다. 마시는 자신이 요청하는 걸 받을 때 어떤 느낌일지 미리 느낀다. 그렇게 해서 무엇이든 만들어낸다. 어떻게, 언제, 어디서 등에는 신경 쓰지 않고 그저 느낄 뿐이다. 그러면 나타난다.

그러니까 지금 느껴라.

환상을 현실로 만들어 보면, 더욱 더 큰 환상을 만들 수 있게 된다. 그리고 바로 그것이 창조 과정이다. _밥 프록터

"너희가 기도할 때 믿고 구하는 것은 무엇이든지 다 받을 것이다."

- 마태복음 21장 22절

"너희가 기도하며 구하는 것이 무엇이든 그것을 이미 받았다고 믿기만 하면 그대로 다 될 것이다."

- 마가복음 11장 24절

끌어당김의 법칙을 연구하고 활용한다는 것은 이미 소원이 이루어졌을 때의 감정을 느끼려면 어떻게 하면 좋을지 찾는다는 뜻이다. 원하는 차가 있으면 가서 시승해 보라. 원하는 집에 들어가 보라. 이루어졌을 때의 느낌을 일으키기 위한 것이라면 무엇이든 해보고, 그 느낌을 기억하라. 여기에 도움이 되는 것이라면 무엇이든 소원을 이루는 데 도움이 된다. _밥 도일

당신이 이미 소원을 이룬 것처럼 느끼고 그 감정이 마치 실제로 소원이 실현되었을 때와 같다면, 이미 이루어졌다고 믿고 있는 셈이고, 정말로 이루어질 것이다.

잠자리에서 일어났더니 원하던 상황이 벌어져 있을지 모른다. 나도 모르게 나타난 것이다. 혹은 어떤 행동을 해야겠다는 영감을 얻게 될지도 모른다. 영감을 얻었다면 이렇게 말하지는 않을 것이다. "뭐 그렇게 해도 되기야 하겠지만 정말이지 하기 싫은데." 이렇게 말한다면 당신은 엉뚱한 길로 가고 있는 것이다.

때로는 행동도 필요하지만, 우주가 당신에게 보내주려는 것과 조화를 이루는 방식으로 행동하고 있다면 기쁨이 느껴질 것이다. 살아있다는 느낌이 강하게 들 것이다. 시간이 멈출 것이다. 하루 종일이라

도 할 수 있다고 느낄 것이다. _밥 도일

행동이라고 하면 어떤 사람은 노동 같은 '일'을 생각하는데, 영감을 받아서 하는 행동은 '일'과는 느낌이 전혀 다르다. 영감을 받아서 하는 행동과 그냥 행동의 차이는 이렇다. 영감을 받아서 하는 행동은 '이미 이루어진 것을 받는 행동'이다. 행동으로 뭔가 일어나게 하려고 한다면 방법이 틀렸다. 영감을 받아서 행동할 때는 자연스럽고 기분도 좋다. 받는 주파수대에 있기 때문이다.

인생을 물살이 빠른 강이라고 상상해보라. 행동으로 뭔가 일어나게 할 때는 마치 물살을 거슬러 올라가는 느낌이 들 것이다. 힘이 들어 전쟁 같을 것이다. 우주가 보내는 것을 받기 위해 행동할 때는 물살을 따라 흐르는 느낌이 들 것이다. 저절로 이루어지듯 느껴질 터다. 이것이 바로 영감을 받아 행동할 때, 우주와 생명의 흐름을 따라갈 때의 느낌이다.

때로는 받고 나서야 자신이 '행동'했음을 알아차리기도 한다. 그 행위가 무척 기분 좋았기 때문에. 이때 당신은 뒤를 돌아보고서, 우주가 당신을 움직여 소망에 다가가게 하고, 반대로 소망이 당신에게 다가가게 한 방법을 생각하며 경탄하리라.

 우주는 속도를 좋아한다. 지체하지 않는다. 예단하지 않는다. 의심하

지도 않는다. 기회가 오면, 충동이 느껴지면, 직감적으로 뭔가 해야 한다고 느끼면, 행동하라. 그게 당신이 할 일이다. 그거면 된다. _조 바이텔리 박사

본능을 믿어라. 본능은 우주가 보내는 신호다. 받아들이는 주파수대에 있는 당신에게 우주가 보내는 통신이다. 직감이나 본능이 느껴지거든, 그대로 따르라. 그러면 우주가 당신을 자석처럼 끌어당겨 당신이 원하는 것을 받게 해주리라.

당신은 무엇이든 끌어당길 것이다. 돈이 필요하다면 돈을 끌어당기고, 사람이 필요하다면 사람을 끌어당기며, 어떤 책이 필요하다면 그것도 끌어당기리라. 자신이 어디에 끌리는지 주의하라. 끌리는 대상에 마음을 집중하고 있으면 당신도 그리로 끌려가고 그것도 당신에게로 끌려올 테니. 그것은 문자 그대로 당신을 통해서 실체로 나타나게 된다. 그리고 그렇게 하게 만드는 원동력은 바로 법칙이다. _밥 프록터

당신이 자석이고, 무엇이든지 자신에게로 끌어당긴다는 사실을 명심하라. 자신이 뭘 원하는지 명확하게 정했다면, 당신은 그것을 자신에게 끌어당기는 자석이 된 셈이다. 마찬가지로 그것도 자기력을 띠고 당신에

게로 움직인다. 연습을 많이 하여 끌어당김의 법칙이 실제로 적용되는 사례를 직접 보면 볼수록, 당신은 점점 더 강력한 자석이 될 것이다. 믿음과 신념과 지식의 힘이 덧붙여지므로.

당신은 무일푼에서 시작할 수 있다. 그리고 길 없는 황무지에서 시작하여 길을 발견할 것이다. _마이클 버나드 백위스

필요한 것은 오직 당신, 그리고 생각으로 창조해내는 능력뿐이다. 인류가 창조하고 발명한 모든 것은 생각 하나에서 비롯되었다. 그 생각에서 길이 생겨났고, 그것이 보이지 않는 차원에서 보이는 차원으로 이동했다.

야간 주행을 생각해보라. 헤드라이트는 고작 50-100미터 앞밖에 비추지 못하지만 당신은 그 차를 몰고 캘리포니아에서 뉴욕까지라도 갈 수 있다. 전방 100미터만 보이면 충분하기 때문이다. 인생이 우리 앞에 펼쳐지는 모습도 이와 같다. 전방 100미터가 펼쳐지고 나면 다음 전방 100미터가 펼쳐지고, 다시 다음으로 100미터가 펼쳐지고, 그렇게 나아간다고 믿으면, 삶은 계속 이어진다. 그리고 결국에는 진정으로 원하는 게 무엇이든 그 목적지에 다다를 것이다. 당신이 원했기 때문에. _잭 캔필드

우주를 믿어라. 믿고 신뢰하라. 나는 '위대한 비밀'을 어떻게 영화로 만들게 되는지 전혀 몰랐다. 단지 결과를 떠올리고 그 영상을 또렷하게 만들면서 온 힘을 다해 그때의 감정을 느꼈더니 「시크릿」 제작에 필요한 모든 것이 찾아왔다.

> "믿고 첫걸음을 내딛어라. 계단의 처음과 끝을 다 보려고
> 하지 마라. 그냥 발을 내딛어라."
>
> - 마틴 루터 킹 주니어 박사(1929-1968년)

우리 몸의 비밀

자신이 과체중이어서 몸무게를 줄이고 싶어 하는 독자를 위해 창조 과정을 활용하는 방법을 살펴보자.

알아야 할 점은 '몸무게 줄이기'에 초점을 맞추면 무게를 더 줄 황을 끌어당기게 된다는 사실이다. 따라서 '몸무게를 줄여 을 마음에서 먼저 내보내라. 바로 그 이유 때문에 다이어 몸무게 줄이기에 초점을 맞추기 때문에 필연적으로 상황을 끌어당기게 된다.

다음으로 알아야 할 점은 과체중이라는 상태가 당신의 생각에서 비롯되었다는 사실이다. 아주 단순하게 말하자면, 누군가 과체중일 경우 그 사람이 인식하든 못하든 스스로 '살찌는 생각'을 했기 때문이다. '살찌는 생각'을 하면서 날씬해질 수는 없다. 이것은 끌어당김의 법칙에 완전히 어긋난다.

갑상선이 호르몬을 적게 분비하든, 신진대사가 느리든, 신체 크기가 유전이든, 이런 건 모두 '살찌는 생각'을 감추는 가면에 불과하다. 이런 조건이 자신에게 해당한다고 여기고 그것을 믿는다면, 믿는 대로 이루어질 테고 당신은 계속해서 과체중이 되는 상태를 끌어당길 것이다.

나는 딸을 둘 낳고 나서 과체중이 되었는데, 내가 과체중이라고 생각하게 된 것은 아이를 낳고 나서 몸무게를 줄이기가 어렵고 둘째를 낳고 나면 특히 더 그렇다는 이야기를 들은 후였다. '살찌는 생각'을 하여 그 이야기와 똑같은 상황이 내게로 끌려오게 된 것이다. 나는 정말로 '비대'해졌고, 나 스스로 얼마나 '비대'해졌는지 의식하면 할수록 점점 더 '비대'해졌다. 이 작은 체구로 약 65킬로그램이나 나갔으니. 모든 것이 '살찌는 생각' 때문이었다.

사람들이 흔히 받아들이고 또 내가 받아들였던 생각은 음식이 몸무게가 늘어나는 원인이라는 것이다. 이것은 도움이 되지 않는 생각이다! 이제 나는 이것이 헛소리라고 생각한다!

원인이 아니다. '음식 때문에 몸무게가 늘어난다'는 바로 그 생각 때문에 음식을 먹어서 몸무게가 느는 것이다. 명심하라. 생각은 모든 결과의 일차적 원인이다. 나머지는 생각의 결과다. 완벽하게 생각하면 결과도 완벽해질 수밖에 없다.

그런 제한적인 생각은 모두 버려라. 음식은 몸무게가 늘게 하지 못한다. 당신이 그렇다고 믿지 않는 한.

완벽한 몸무게란 당신에게 기분 좋은 몸무게를 뜻한다. 다른 사람의 의견은 중요하지 않다. 자신에게 좋게 느껴지는 몸무게다.

당신은 말랐는데도 말처럼 엄청나게 먹어대면서 자랑스럽게 말하는 사람을 아마도 봤을 것이다. "난 아무리 먹어도 몸무게는 완벽해." 이 말을 들은 우주의 지니는 말한다. "분부 받들겠습니다!"

완벽한 몸무게와 신체를 창조 과정으로 끌어당기려면 다음 단계를 밟아라.

1단계. 구하라

원하는 몸무게를 명확하게 정하라. 마음속에서 완벽한 몸무게가 되면 어떤 모습일지 그려라. 사진이 있다면 그때의 사진을 가져다가 자주 바라보라. 없다면 원하는 신체의 사진을 가져다가 자주 바라보라.

2단계. 믿어라

반드시 이미 완벽한 몸무게가 되었다고 믿어야 한다. 완벽한 몸무게가 이미 된 것처럼 상상하고 가장하고 그런 척 해야 한다. 그 상태가 되는 모습을 그려야 한다.

완벽한 몸무게를 종이에 적어서 저울 눈금에 붙여두거나, 아니면 아예 몸무게를 달지 마라. 이미 요청한 것을 새로운 생각이나 말이나 행동으로 번복하지 마라. 현재 몸무게에 맞는 옷은 사지 마라. 믿고, 앞으로 바뀔 몸무게에 맞는 옷을 사라. 완벽한 몸무게를 끌어당길 때도 우주 카탈로그에서 주문할 때와 같은 방식으로 한다. 카탈로그를 살펴보고 완벽한 몸무게를 고른 다음 주문하면 배달될 것이다.

당신이 생각한 완벽한 몸무게에 들어맞는 사람들을 찾고, 존경하고, 마음속으로 찬양하겠다고 생각하라. 그들을 찾아라. 당신이 그들을 존경하고 그와 같은 몸 상태가 되었을 때를 느끼면, 그것이 당신에게 끌려갈 것이다. 체중이 많이 나가는 사람을 보거든 즉시 시선을 돌려서 완벽한 신체의 모습을 생각하고 그때 어떤 느낌일지 느껴라.

3단계. 받아라

반드시 기분이 좋아야 한다. 자신을 좋게 느껴야 한다. 이것은 중요하다. 자신의 현재 신체를 보고 기분이 나빠져서는 완벽한 몸무게를 끌어당길 수 없다. 자신의 신체를 보고 기분이 나빠지면 그 강력한 감정 때문에 계속해서 나쁜 감정을 느낄 상황을 끌어당기게 된다. 몸을 보면서 트집 잡고 불평하면 결코 몸을 바꿀 수 없다. 그렇게 하면 도리어 몸무게가 늘어날 것이다. 몸 구석구석을 찬양하고 축복하라. 자신의 완벽한 모습을 생각하라. 완벽하게 생각하고 자신을 좋게 느낀다면, 완벽한 몸무게를 받아들이는 주파수에 맞춰져서 완벽함을 끌어당기게 되리라.

월러스 워틀스는 그가 쓴 저서에서 먹는 것에 관해 유용한 비결을 알려주었다. 워틀스는 먹을 때는 음식을 씹는 데 완전히 집중하라고 권한다. 현재에 집중하여 음식을 먹는 감각을 느끼면서 마음이 다른 데로 흩어지지 않게 하라. 몸을 느끼고 입에서 음식을 씹어서 삼킬 때 느껴지는 갖가지 감각을 즐겨라. 다음에 밥 먹을 때 방금 말한 대로 해보라. 먹는 데 완전히 집중하면 음식의 풍미가 아주 강하고 근사하게 느껴질 것이다. 그러다 마음이 분산되면 풍미가 사라져버린다. 나는 먹는 순간에 집중하여 먹는 즐거움에 완전히 몰입하면, 음식이 몸에 완벽하게 동화되고 그 결과 신체가 완벽해질 수밖에 없다고 확신한다.

내 몸무게 이야기의 결론을 말하자면, 현재 나는 내가 원하는 완벽한 몸무게인 약 52킬로그램을 유지하고 있고 무엇이든 잘 먹는다. 그러니 완벽한 몸무게에 집중하라!

소원을 이루려면 얼마나 걸리는가?

 사람들이 궁금해 하는 또 한 가지는 "원하는 자동차나 사람이나 돈을 끌어당기려면 얼마나 걸리는가?" 하는 점이다. 30분이 걸린다거나 사흘이 걸린다거나 한 달이 걸린다는 식의 정해진 규칙 같은 건 없다. 그건 우주 자체와 얼마나 조화를 이루는가의 문제다. _조 바이텔리 박사

시간은 환영일 뿐이다. 이는 아인슈타인이 말해준 것이다. 당신이 이말을 처음 들었다면 받아들이기 어려울지 모르겠다. 눈에 보이는 일들이 시간의 순서에 따라가고 있으니까. 양자물리학자들과 아인슈타인은 모든 일이 동시에 일어난다고 말한다. 시간이란 없다는 점을 이해하고 그개념을 받아들인다면, 앞으로 일어나기를 원하는 일이 무엇이든 지금 이미 존재한다는 사실을 이해할 것이다. 모든 일이 동시에 일어난다면, 당신이 원하는 모습은 이미 존재한다!

우주는 당신 소원을 이뤄주기 위해 시간이 필요하지 않다. 당신이 경험하는 시간의 지연은 이미 이뤄졌음을 믿고, 알고, 느끼는 상태에 가는 데까지 걸리는 시간 때문에 발생한다. 당신이 '받아들이는' 주파수로 이동하는 데 걸리는 시간이라는 말이다. 받아들이는 주파수에 있다면, 원하는 것이 나타나리라.

크기는 우주에게 무의미하다. 과학적 관점에서도, 우리가 거대하다고 여기는 것을 끌어당기는 일이나 무한히 작다고 여기는 것을 끌어당기는 일이나 차이가 없다.

우주는 모든 일을 저절로 해낸다. 풀은 애를 써가면서 자라나지 않는다. 자연스럽게 자라난다. 이것이 섭리다.

문제는 당신의 마음이다. 우리가 "이건 크니까 시간이 좀 걸릴 거야"라고 생각하기 때문이다. 또 "이건 작으니까 한 시간이면 되겠지"라고 생각하기 때문이다. 그런 규칙은 우리가 정한 것이다. 우주에는 이런 규칙이 없다. 지금 이미 이뤄졌다는 느낌을 전송하면 우주가 반응할 것이다. 그것이 무엇이든지. _밥 도일

우주에는 시간도 크기도 무의미하다. 천원이나 10억이나 우주에게는 똑같다. 과정은 동일한데도 천원이 10억보다 **빠르게** 나타나는 이유는 당

신이 10억은 큰 돈이라고 여기고 천원은 얼마 안 된다고 여기기 때문이다.

어떤 사람은 작은 일에는 쉽게 창조 과정을 적용한다. 그래서 우리는 때때로 작은 일, 이를테면 커피 한 잔 따위부터 시작하라고 한다. 오늘 커피 한 잔을 끌어당기겠다고 결심하라. _밥 도일

오랜 시간 만나지 못한 옛 친구와 대화하는 모습을 떠올려라. 어떤 식으로든 누군가 당신에게 그 친구 이야기를 시작하리라. 그 친구가 당신에게 전화하거나 편지를 보낼 것이다. _밥 프록터

작은 일부터 시험해보면, 당신 눈으로 끌어당김의 법칙을 쉽게 체험할 수 있다. 그렇게 했던 어떤 젊은이의 이야기를 들려주겠다. 그 젊은이는 「시크릿」 비디오를 보고 뭔가 작은 일을 시도해보기로 결심했다.

젊은이는 마음속에 세상에 오직 하나뿐인 깃털을 생각했다. 깃털에 어떤 특별한 표시가 있다고 상상해서 그 깃털이 끌어당김의 법칙에 따라 젊은이에게 오게 되면, 틀림없이 알아보도록 했다.

이틀 후, 젊은이는 뉴욕 시의 어떤 거리에 있는 고층 건물로 들어가고 있었다. 왜 그랬는지는 모르지만 하여튼 아래를 내려다보았다. 그러자 발치에, 뉴욕 시 고층 건물 입구에, 깃털이 있는 게 아닌가! 일반적인 깃

털이 아니라 젊은이가 상상한 바로 그 깃털이. 젊은이가 마음속에 그린 깃털과 똑같이 특별한 표시가 있었다. 그 순간 젊은이는 의심을 모두 날려버리고 끌어당김의 법칙이 완벽하게 작용한다는 것을 알았다. 마음의 힘으로 무언가를 자신에게 끌어당길 수 있다는 사실을 깨달았다. 완전히 신뢰하게 된 젊은이는 이제 훨씬 큰일에 도전할 준비가 되었다.

사람들은 내가 주차공간을 확보하는 모습을 보고 놀란다. 나는 '비밀'을 이해한 순간부터 이렇게 해왔다. 내가 원하는 바로 그곳에 주차할 자리가 있는 모습을 상상하면, 95퍼센트는 비어 있어서 곧바로 주차하면 된다. 나머지 5퍼센트는 1-2분만 기다리면 곧 자리가 생긴다. 나는 늘 이렇게 한다. _데이비드 셔머(투자 트레이너, 부자 되기 전문가)

이제 "난 꼭 주차할 자리가 있단 말이야"라고 말하는 사람이 왜 주차공간을 잘 확보하는지 이해하리라. 또는 "난 항상 운이 좋아. 늘 이기거든"이라고 말하는 사람이 왜 계속해서 이기는지 이해할 것이다. 이 사람들은 그런 결과를 기대한다. 멋진 일을 기대하라. 앞날에 멋진 인생이 창조될 것이다.

오늘 하루를 미리 창조하라

당신은 끌어당김의 법칙을 활용하여 앞으로의 인생 전체를 창조할 수도 있다. 오늘 할 일을 창조하는 것은 말할 필요도 없다. 끌어당김의 법칙과 그 활용에 관해 수많은 통찰을 남긴 프렌티스 멀포드는 '앞서 하루를 생각하는' 일이 얼마나 중요한지 잘 보여준다.

> "'유쾌한 방문이 될 거야' 나 '즐거운 여행이 될 거야' 라고 혼잣말을 할 때, 당신은 문자 그대로 몸의 구성 요소들을 미래로 보내서 여행이나 방문을 즐겁게 만들기 위해 안배하는 셈이다. 방문이나 여행이나 쇼핑을 가기에 앞서 기분 나쁘거나 불쾌한 일에 관해 겁내거나 걱정하면, 보이지 않는 대리자를 미리 보내서 불쾌한 일이 일어나게 준비하는 것이다. 우리 생각이나 말이나 마음가짐은 늘 움직이면서 실제보다 앞서서 상황을 좋거나 나쁘게 만든다."
>
> - 프렌티스 멀포드

프렌티스 멀포드는 이 글을 1870년대에 썼다. 대단한 선구자 아닌가! 날마다 모든 사건을 앞서 생각하는 일이 얼마나 중요한지 분명히 알았으

리라. 당신은 분명 앞서 생각하지 않아서 하루 종일 정신없이 보낸 경험
이 있을 것이다.

자신이 서두르거나 성급하게 굴 때, 그런 생각이나 행동이 (늦을지 모
른다는) 두려움에서 비롯된다는 점과 당신이 앞으로 나쁜 일이 일어나도
록 자초하고 있다는 점을 알자. 계속해서 서두르면 나쁜 일들에 연달아
부딪히게 될 것이다. 설상가상으로, 끌어당김의 법칙 때문에 서두르고
성급하게 굴어야 할 상황들이 더 끌려오게 된다. 당신은 반드시 멈춰서
그 주파수에서 벗어나야 한다. 잠시 시간을 내어 생각을 전환하라. 안 그
러면 나쁜 일이 끌려올 것이다.

사람들은, 특히 서양 사람들은 시간의 뒤를 따라다니면서 '시간이 부
족해' 라고 불평하는 일이 흔하다. 시간이 부족하다고 말했으니 끌어당
김의 법칙에 따라 그렇게 될 것이다. 시간이 충분하지 않다는 생각을 함
으로써 자신의 꼬리를 잡으려는 강아지처럼 악순환에 빠지고 싶지 않다
면, 지금부터 강하게 선언하라. "나는 시간이 넘치게 많다." 그리고 삶을
바꿔라.

그리고 '기다림'을 바꿔서 미래를 창조하는 의미 있는 시간으로 만들
수도 있다. 다음번에 기다려야 하는 상황이 되거든 그 순간을 포착하여
원하는 것들이 이루어지는 상황을 상상하라. 이런 상상은 언제 어디서나
할 수 있다. 모든 순간을 긍정적으로 만들어라!

날마다 생각으로 모든 사건을 미리 결정하는 습관을 들여라. 미래의 상황을 미리 생각함으로써, 즉 우주의 힘을 앞서 보내서 당신이 해야 할 모든 일을 결정하라. 그러면 당신의 인생을 의도적으로 창조해낼 수 있다.

Secret Summaries

- 끌어당김의 법칙은 알라딘의 요술램프에 나오는 지니처럼 우리 소원을 모두 들어준다.

- '창조 과정'에 언급한 간단한 3단계 — 구하라, 믿어라, 받아라 — 를 활용하여 원하는 것을 창조하라.

- 우주에게 자신이 원하는 것을 달라고 요청하는 일(1단계)은 자신이 뭘 원하는지 분명하게 결정할 기회다. 명확하게 결정했다면 구한 것이다.

- 믿기(2단계)에는 세 가지 작용이 있다. 행동하기, 말하기, 생각하기. 이때는 요청한 것을 이미 얻은 것처럼 가정하고 행해야 한다. 이미 받았다는 파장을 전송하면, 끌어당김의 법칙에 따라 사람과 사건과 환경을 끌어당겨 실제로 받게 된다.

- 받기(3단계)에는 원하는 것이 이루어졌을 때 일어날 감정을 앞서 느끼는 과정이 포함된다. 지금 좋은 기분을 느끼면, 원하는 것을 받아들이는 주파수대로 가게 된다.

- 몸무게를 줄이려면 '몸무게를 줄여야 해' 라는 생각에 집중하지 마라. 대신 완벽한 몸무게에 집중하라. 완벽한 몸무게가 되었을 때의 느낌을 미리 느껴라. 그러면 그 상태가 끌려올 것이다.

- 우주가 당신의 소원을 이뤄주는 데는 시간이 걸리지 않는다. 천원을 나타나게 해주는 일이나 10억을 나타나게 해주는 일이나 우주에게는 같다.

- 작은 일, 이를테면 커피 한 잔이나 주차공간과 같은 일을 정해서 끌어당김의 법칙을 시험해보라. 작은 일을 끌어당기겠다고 강력하게 의도하라. 자신에게 끌어당기는 힘이 있음을 경험하고 나면, 더 큰일들도 창조해낼 수 있게 되리라.

- 하루가 어떻게 되기를 바라는지 미리 생각하여 하루를 창조하라. 이렇게 하면 인생을 의도적으로 창조할 수 있다.

두 가지 강력한 도구

 현재 환경에 구속되거나 사로잡히거나 간혀버리는 사람이 매우 많다. 당신의 현재 환경이 어떻든지, 그건 현재의 상황에 불과하고 현재의 상황은 '비밀'을 활용하기 시작하면서 바뀔 것이다. _조 바이탤리 박사

현재 상황이나 환경은 당신이 지금까지 해온 생각의 결과다. 생각과 감정을 바꾸기 시작할 때 그 모든 것이 완전히 바뀌리라.

"사람이 자신을 바꿀 수 있고 운명을 지배할 수 있다는 점 은, 올바른 생각의 힘을 온전히 인식한 모든 사람이 내린 결론이다."

- 크리스티앙 라슨(1866-1954년)

환경을 바꾸고 싶다면 먼저 생각을 바꿔야 한다. 우편함을 열어볼 때마다 청구서가 있지는 않나 하고 생각하면 어떻게 될까? 그렇다. 청구서가 있다. 당신이 날마다 청구서를 겁냈기 때문에! 좋은 것은 전혀 기대하지 않으면서 말이다. 당신은 빚을 생각하고 빚을 두려워한다. 빚을 기다리는 것이다. 그래서 당신이 '난 미쳤어'라고 생각하지 않도록 하려고 빚이 나타나게 된다. 그리고 날마다 당신은 자신의 생각이 옳다고 확인한다. 빚이 생길까? 맞네, 생겼네. 빚이 생길까? 맞네, 생겼네. 왜 이렇게 될까? 당신이 그렇게 되길 기대했기 때문이다. 그래서 나타난 것이다. 끌어당김의 법칙이 늘 당신의 생각에 따라가기 때문에. 자신을 도와주라. 한 마디로, 돈을 기대하라! _리사 니콜스

뭔가를 기대하면 그것을 강력한 힘으로 끌어당기게 된다. 밥 프록터도 말했다. "욕망은 당신과 당신이 원하는 것을 연결해주고 기대는 그것을 당신에게 끌어당긴다." 원하는 것을 기대하고 원하지 않는 것은 기대하지 마라. 지금 당신은 무엇을 기대하는가?

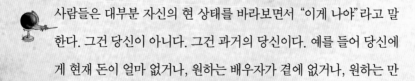

사람들은 대부분 자신의 현 상태를 바라보면서 "이게 나야"라고 말한다. 그건 당신이 아니다. 그건 과거의 당신이다. 예를 들어 당신에게 현재 돈이 얼마 없거나, 원하는 배우자가 곁에 없거나, 원하는 만

큼 건강하지 않다고 해보자. 그건 당신이 아니라, 과거의 생각과 행동이 만들어낸 결과다. 이렇게 우리는 과거에 우리가 한 생각과 행동의 결과 속에서 계속 살아가고 있다. 현재 상태를 보고 그것으로서 자신을 정의하면, 앞으로도 그 이상을 얻지 못할 암울한 운명에 자신을 가두어버리는 셈이다. _제임스 레이

"현재 우리의 모습은 과거에 우리가 했던 생각의 결과다."

- 붓다(기원전 563-483년)

'교정용 가지치기 가위'라는 제목으로 네빌 고다드Neville Goddard가 1954년에 강연한 내용에 담겨 있는 방법을 하나 이야기할까 한다. 이 방법은 내 인생에 엄청난 영향을 미쳤다. 네빌은 하루가 끝나고 잠자기 전에 그날의 사건들을 생각해보라고 권한다. 어떤 사건이나 일이 원하는 대로 되지 않는다면, 마음속에서 기분이 짜릿해질 상황으로 바꿔서 상상해 보라. 마음에서 당신이 원하는 그대로 상상할 때, 그날 생긴 주파수들을 청소하고 내일을 위해 새로운 주파수와 신호를 전송하게 된다. 의도적으로 미래를 위한 그림을 그리는 것이다. 이 방법을 사용하기에 늦은 시기란 없다.

강력한 도구, 감사하기

 인생을 전환하기 위해 지금 당신이 할 수 있는 일이 무엇일까? 가장
첫 번째는 감사해야 할 일들의 목록을 작성하는 것이다. 이렇게 하
면 에너지가 바뀌어 사고방식도 바뀌기 시작한다. 목록을 작성하기
전에는 자신에게 부족한 점들이나 불평이나 문제에 초점을 맞추다
가도, 작성하고 나면 다른 방향으로 가게 된다. 그러니까 좋게 생각
하는 모든 일들에 대해 감사하기 시작한다는 뜻이다. _조 바이탤리 박사

"감사하면 온 마음이 우주의 창조적 에너지와 조화를 이루
게 된다. 이 사실이 낯설게 느껴진다면, 잘 생각해보라. 그
것이 참이라는 점을 알게 되리라."

- 월러스 워틀스(1860-1911년)

 감사하기는 삶을 더 풍요롭게 해주는 확실한 방법이다. _마시 시모프

자신이 한 사소한 행동에 아내가 정말로 고마워하면, 남편은 아내
에게 어떻게 해주고 싶어질까? 더 잘 해주고 싶어진다. 언제나, 감
사하기가 관건이다. 감사하면 좋은 것들이 끌려온다. 도움을 받게

된다. _존 그레이 박사(『화성에서 온 남자 금성에서 온 여자』의 저자)

 무엇이든 우리가 생각하고 감사하는 일들이 우리에게 다가온다. _존

디마티니 박사

감사하기는 내게 정말로 대단한 결과를 가져다준 훈련이다. 나는 매

일 아침에 일어나면 "고맙습니다"라고 말한다. 매일 아침에 침대에

서 일어나 발이 땅에 닿기 전에도 "고맙습니다"라고 말한다. 그러고

나서 고마운 일들을 하나하나 짚어보면서 이를 닦거나 아침에 해야

할 일을 한다. 그렇다고 그 일들을 생각할 때 습관처럼 판에 박은 듯

이 하지는 않는다. 가슴속에 숨겨져 있던 것들을 끄집어내서 감사한

마음을 느낀다. _제임스 레이

제임스 레이가 '감사하기'라는 멋진 연습법을 알려주는 부분을 촬영

하던 날을 결코 잊지 못할 것이다. 그날부터 나는 제임스가 알려준 방법

을 적용했다. 이제는 매일 아침 침대에서 눈을 뜨면, 새로운 하루를 맞이

했다는 사실과 기타 감사해야 할 모든 일에 고마움을 느끼면서 일어난

다. 침대에서 몸을 일으켜 발이 땅에 닿을 때도 "고맙습니다"라고 말하

고, 화장실에 가면서 발걸음을 내디딜 때마다 "고맙습니다"라고 한다.

그러고는 샤워를 하고 나갈 준비를 하면서 계속 "고맙습니다"라고 말하면서 고마움을 느낀다. 하루를 시작할 준비가 끝날 때쯤에는 "고맙습니다"를 백번 정도는 하게 된다.

이렇게 하면, 그날 하루와 그날 일어날 모든 일을 강력하게 창조하게된다. 침대에서 비틀거리며 일어나서 그날 일어나는 일들에 휘둘리는 대신, 그날 하루를 위해 주파수를 조정하면서 의도적으로 하루가 어떻게되기를 바라는지 선언한다. 하루를 시작하는 데 이보다 더 멋진 방법은없다. 당신은 인생의 창조자다. 그러니 일어나면 먼저 의식적으로 하루를 창조하는 일부터 하라!

감사하기는 역사상 위대했던 모든 선구자들이 가르친 삶의 숨겨진 핵심이었다. 월러스 워틀스가 1910년에 써서 내 인생을 바꿔준 책 『부자가되는 과학*The Science of Getting Rich*』에 보면 감사하기라는 부분이 가장 길다. 지금 이 책에 등장하는 사람들도 모두 감사하기를 활용한다. 대부분은 하루를 시작하기 전에 고마움을 느끼는 일부터 한다.

멋진 남자이면서 성공한 기업가이기도 한 조 슈거맨이 「시크릿」 DVD를 보고서 내게 연락을 해왔다. 슈거맨은 감사하기 부분이 가장 마음에들었다면서 자기가 성취한 일들도 모두 감사하는 태도 덕분이었다고 말했다. 슈거맨은 그렇게 많은 일에서 성공했는데도 여전히 날마다 아주사소한 일까지도 감사한다. 주차장에 자리가 있으면 항상 "고맙습니다"

라고 생각하고 말한다. 슈거맨은 감사하기의 위력을 알기에 늘 감사하는
일이 몸에 배어 있다.

수많은 책을 읽고 또 '비밀'을 내 인생에 직접 적용해본 결과를 돌아
보면 감사하기의 위력은 다른 어떤 방법보다 대단했다. 이 책에 나온 내
용 가운데 오직 한 가지만 적용하고 싶다면, 몸에 밸 때까지 감사하기를
실천해보라.

 지금 당신이 가진 것을 예전과 다르게 느끼기 시작하는 순간부터
당신은 좋은 일을 더 많이 끌어당기게 될 것이다. 당신은 지금보다
더 많은 일에 고마워할 수 있다. 주변을 둘러보고서 "내가 원하는
차도 없고, 내가 바라는 집도 없네. 내가 원하는 배우자도 없고. 게
다가 건강해지고 싶은데 건강하지도 않아"라고 말할 수도 있다. 워
워! 잠깐, 잠깐! 그건 전부 원치 않는 일들 아닌가. 이미 당신이 가
진 것들 가운데 고마워할 일에 집중하라. 고마워할 일이란 이 책을
읽을 수 있는 '눈이 있다는 사실'이 될 수도 있다. 지금 입고 있는
옷이 될 수도 있고. 물론, 다른 것을 원할지도 모르고 얼마 안 가서
그걸 얻게 될지도 모른다. 대신 먼저 당신이 가진 것들에 감사해야
한다. _조 바이텔리 박사

"다른 면에서는 모두 바르게 살아가는 수많은 사람들이 감

사함을 느끼지 않아서 가난에 허덕인다."

- 월러스 워틀스

당신에게 이미 있는 것들에 고마워하지 않으면 더 좋은 일이 일어날 수 없다. 왜일까? 고마워하지 않을 때 내뿜는 생각과 감정이 모두 부정적이기 때문이다. 질투든, 원망이든, 불만이든, '부족하다는' 느낌이든, 이런 것은 당신이 원하는 것을 얻게 해주지 못한다. 이런 감정은 당신이 원하지 않는 것들만 더 많아지게 할 뿐이다. 이런 부정적 감정 때문에 좋은 것들이 당신에게 가지 못하고 있다. 새 차가 있었으면 하고 바라면서 지금 몰고 있는 차에 고마움을 느끼지 않으면, 그런 부정적인 마음이 지배적인 감정이 되어서 우주에 전송될 것이다.

지금 있는 것들에 감사하라. 고마운 모든 일에 대해 생각해 보면 놀랍게도 감사해야 할 일들이 끊임없이 꼬리를 물고 이어질 것이다. 시작은 당신이 해야 한다. 그러면 끌어당김의 법칙이 그 고마운 생각을 받아들여 그와 비슷한 것들을 당신에게 보내준다. '고마움'을 수신 주파수로 맞춰놓으면 모든 좋은 일이 당신 것이 된다.

"하루 한 번 감사하는 습관은 부가 당신에게 흘러갈 통로

로 작용한다."

- 월러스 워틀스

누구나 이런 말을 하는 시기가 있는 것 같다. "일이 뜻대로 풀리지 않아." "상황이 안 좋아." 예전에 우리 가족에게 문제가 좀 있었다. 그 무렵 문득 웬 돌멩이가 눈에 띄기에 주머니에 집어넣고서 손으로 만지작거리며 말했다. "이 돌멩이를 만질 때마다 고마워할 일을 생각해야겠어." 그래서 매일 아침 일어나면 옷장에서 돌멩이를 꺼내 들어 주머니에 집어넣고서 감사할 일들을 짚어보았다. 밤이면 주머니에서 돌멩이를 꺼내 옷장에 넣으면서 같은 일을 반복했다.

이렇게 하면서 나는 놀라운 일을 경험했다. 남아프리카 출신의 어떤 남자가, 내가 돌멩이를 떨어뜨리는 모습을 보고서 물었다. "그게 뭐에요?" 내가 설명해주자 그 남자는 그걸 '고마움 돌멩이'라고 불렀다. 2주 후 남아프리카에서 그 남자가 보낸 이메일이 왔다. "우리 아들이 희귀병에 걸려 죽어가고 있습니다. 간염의 일종이라는군요. 고마움 돌멩이 세 개만 보내주시겠어요?" 돌멩이는 길가에서 주운 평범한 것이었기에, 나는 "물론이죠"라고 답장을 썼다. 아주 특별한 돌멩이를 보내주고 싶은 마음에 강가로 나가서 적당한 돌멩이를 주운 다음에 그 남자에게 보냈다.

네다섯 달 뒤에 그에게서 이메일이 왔다. "아들이 나아졌어요. 잘 지내고 있습니다." 그러면서 이렇게 말했다. "하지만 하나 아셔야 할 게 있습니다. 제가 그 돌멩이에 '고마움 돌멩이'라고 이름을 붙여서 하나에 10달러를 받고 팔기 시작했는데, 지금 천 개가 넘게 팔려서 모두 자선기금으로 쓸 생각입니다. 정말 고맙습니다."

이렇게 '감사하는 태도'는 매우 중요하다. _리 브라워(풍요 트레이너, 교사)

위대한 과학자 알베르트 아인슈타인은 시간과 공간과 중력을 바라보는 시각에 일대 혁명을 일으켰다. 당신은 그렇게 가난한 환경에서 삶을 시작한 아인슈타인이 어떻게 그 많은 일을 해냈을까, 하고 생각할지도 모른다. 아인슈타인은 '비밀'을 아주 잘 알았고 날마다 수백 번씩 "고맙습니다"라고 말했다고 한다. 자기보다 앞서 길을 걸어간 위대한 과학자들에게 그 공로에 고마움을 표했고, 그래서 더 많이 배우고 성취할 수 있게 된 것이다. 결국에는 가장 위대한 과학자가 되었고.

감사하기를 가장 잘 활용하는 방법으로, 우리가 바라는 소원에 터보엔진을 달아주는 (3장에서 이야기한) '창조 과정'에 이를 포함시키면 아주 좋을 것이다. 밥 프록터도 '창조 과정'의 1단계 '구하라'에서 말했듯이, 원하는 일들을 기록해보라. "이러저러한(이 부분은 당신이 적는다) 일에 정말로 행복하고 고맙다"는 내용으로 모든 문장을 시작하라.

소원을 이미 이룬 것처럼 고마워하면, 우주에 강력한 신호를 전송하게 된다. 그 신호는 당신이 그것을 이미 얻었다는 의미를 전달한다. 매일 아침 잠자리에서 일어나기 전에 마치 하루가 이미 지나간 것처럼 앞질러서 감사함을 느끼는 습관을 들여라.

'비밀'을 발견하고서 그것을 세상과 나누고 싶다는 비전을 구체적으로 생각한 순간부터 나는 영화 「시크릿」이 세상에 기쁨이 될 거라고 생각하며 날마다 고마워했다. '비밀'을 어떻게 영화로 담을지에 관해서는 아무런 아이디어도 없었지만, 어떻게든 해낼 거라고 믿었다. 나는 집중하면서 원하는 결과를 계속 떠올렸다. 감사함을 가슴 깊이 느꼈다. 이것이 내 몸에 배자, 문이 열리면서 마법 같은 일들이 삶 속으로 흘러들어왔다. 멋진 「시크릿」 촬영팀과 나는 지금도 가슴에서 솟아나는 감사함을 느끼고 있다. 우리는 순간순간 서로에게 고마움을 표현하는 팀이 되었고, 이것이 우리 삶의 방식이 되었다.

강력한 도구, 그림 그리기

그림 그리기(Visualization, 영상화)는 예부터 위대한 스승과 대가들이 가르친 방법이다. 찰스 해낼이 1912년에 쓴 『성공의 문을 여는 마스터키

The Master Key System』에는 24주 동안 그림 그리기를 완성하는 훈련이 기록되어 있다.(게다가 이 책은 당신이 자기 생각의 주인이 되는 데 크게 도움이 된다.)

　　그림 그리기가 그토록 강력한 힘을 내는 이유는 마음속에서 원하는 것을 얻는 모습을 그릴 때 그것이 이미 당신에게 있다는 생각과 느낌을 발생시키기 때문이다. '그림 그리기'란 간단히 말해서 그림을 그리듯 생각을 강력하게 집중하는 것인데, 생각이 집중된 만큼 강력한 감정이 동반된다. 그림을 그릴 때 당신은 그 강한 파장을 우주에 내뿜는 것이다. 그러면 끌어당김의 법칙이 그 신호를 받아서 당신이 마음속에 그린 그림을 현실로 만들어 되돌려준다.

 나는 아폴로 프로그램에서 그림 그리기 기법을 배웠는데, 그걸 1980년대와 1990년대 올림픽 프로그램에 적용했다. 당시에 그 방법은 '영상 모터 리허설'이라고 불렸다.

영상을 그리면 그 영상이 물질세계에 나타난다. 마음에는 재미있는 구석이 있다. 우리는 올림픽 선수들을 데려다가 마음속으로 올림픽 경기에 참여하는 모습을 상상하라고 한 다음에 정교한 생체자기 장비에 선수들을 연결했다. 믿어지지 않았지만, 생각으로만 달렸는데도 선수들이 실제로 트랙에서 달릴 때와 같은 순서로 근육이 반응을 보였다. 어떻게 이런 일이 일어났을까? 마음은 우리가 실제로 하는

건지 그냥 연습일 뿐인지 분간하지 못하기 때문이다. 마음이 가 있

는 곳에 몸도 가 있게 마련이다. _데니스 웨이틀리 박사

　발명가와 그들의 발명품을 생각해보라. 라이트 형제와 비행기, 조지

이스트먼과 필름, 토머스 에디슨과 전구, 알렉산더 그레이엄 벨과 전화

기. 어떤 것이 발명되거나 창조된 유일한 원인은 누군가가 마음속에 그

림을 그렸기 때문이다. 마음속에 명확한 그림을 그리고, 그 최종 결과물

의 그림을 마음에 간직하자 우주의 힘이 '그 발명가'를 통해 발명되도록

움직인 것이다.

　이 사람들은 '비밀'을 알았다. 보이지 않는 세계를 철저히 믿었고, 자

기 안에 우주를 활용할 지렛대가 있으니 그걸 활용하면 보이지 않는 차

원에 있는 것을 보이는 차원으로 옮겨올 수 있다는 사실을 알았다. 이 사

람들의 믿음과 상상력은 인류 발전의 원동력이 되었고, 우리는 날마다

그 창조적인 사람들이 준 혜택을 누리고 있다.

　당신은 이렇게 생각할지 모른다. "난 이 사람들처럼 대단하지 않아."

또 이렇게 생각할지도 모른다. "'그 사람들'은 상상할 수 있었겠지만 '나

는' 안 돼." 이는 대단히 그릇된 생각이다. 당신은 이 책에 담긴 비밀을

발견해가면서 자신이 그 발명가들보다 못할 게 전혀 없다는 사실을 알게

될 것이다.

그림 그리기를 하면서 마음속에서 그림을 그릴 때는 언제나 오직 최종 결과에만 집중하라.

예를 하나 들어보자. 당장 손등을 쳐다보라. 제대로 들여다보라. 피부 색, 작은 반점, 혈관, 반지, 손톱. 모든 세부사항들을 흡수하라. 눈을 감기 직전에 그 손과 손가락이 새로 산 자동차의 운전대를 감싸고 있는 모습을 상상하라. _마이크 둘리

 이건 정말로 홀로그래피처럼 진짜 같은 느낌이 들어서 실제로 자동차가 필요하지 않다는 착각을 하게 된다. 이미 자동차가 있는 듯한 기분이 들기 때문이다. _조 바이탤리 박사

조 바이탤리 박사의 이야기는 영상을 그릴 때 당신이 도달해야 할 목표를 잘 정리해주었다. 당신이 실제로 눈을 뜰 때 어떤 충격을 느낀다면, 영상화가 잘 된 셈이다. 하지만 영상으로 그리는 세계는 '실제로' 존재한다. 바로 그 세계에서 모든 것이 창조된다. 물질세계는 단지 그 실제 세계의 결과일 뿐이다. 그래서 마치 자동차가 필요하지 않은 듯한 느낌이 드는 것이다. 그림 그리기 기법으로 그 세계에 주파수를 맞춰서 실제로 느꼈기 때문이다. 그 세계에서는 무엇이든지 '지금' 존재한다. 느껴보면 알 것이다.

끌어당기는 힘을 발생시키는 건 그저 그림이나 생각이 아니라 '느 낌'이다. 이렇게 생각하는 사람이 많다. '긍정적으로 생각하거나, 원 하는 걸 이미 갖고 있는 모습을 그리면 그걸로 충분해.' 하지만 그렇 게 하는 동안 자신이 풍요롭다고 느끼거나 사랑이 솟아나거나 기쁨 이 일어나지 않는다면, 끌어당기는 힘이 생기지 않는다. _잭 캔필드

위의 실험에서 당신은 정말로 그 차 안에 있다고 느끼는 상태로 들 어간다. '그 차를 갖고 싶어' 혹은 '언젠가는 그 차를 살 거야'가 아 니다. 이렇게 하면 아주 한정된 감정만 느끼게 된다. 현재가 아니라 미래의 일이기 때문이다. 그런 상태에 머무른다면 늘 '미래'에 얻게 될 것이다. _밥 도일

 이제 감정과 마음속 그림 덕분에 문이 열리고, 그 문을 통해 우주의 힘이 드러나기 시작할 것이다. _마이클 버나드 백위스

"이 힘이 무엇인지는 나도 모른다. 나는 단지 그 힘이 있다 는 사실만 알 뿐이다."

- 알렉산더 그레이엄 벨(1847-1922년)

방법은 알아낼 필요가 없다. 전념하고 믿으면 방법은 나타날 것이다. _잭 캔필드

 '방법'은 우주가 관장하는 영역이다. 우주는 언제나 가장 빠르고 짧고 조화롭게 꿈을 이뤄줄 방법을 알고 있다. _마이크 둘리

 우주에 맡기고 나면, 찾아오는 결과에 놀라서 눈을 뜨지 못할 것이다. 그때가 바로 마법과 기적이 일어나는 순간이다. _조 바이탤리 박사

'비밀'을 가르치는 사람들은 모두 우리가 영상을 그릴 때 개입하는 요소들을 알고 있다. 마음속에서 그림을 그리고 느낄 때, 당신은 이미 그것이 있다고 믿는 상태로 들어가게 된다. 그리고 우주에 신뢰와 믿음을 보낸다. '어떻게' 이루어질지에 관해서는 관심을 기울이지 않고 최종 결과에 집중하면서 그때의 감정을 느끼기 때문이다. 당신은 마음속에서 이미 이루어진 상태를 그린다. 이미 이루어진 상태를 느낀다. 당신은 온 몸과 마음으로 그 일이 '이미 일어났다'고 느낀다. 이것이 바로 그림 그리기 기법이다.

 이건 거의 매일 해야 하지만, 지루한 일이 되어서는 안 된다. '비밀'

에서 가장 중요한 점은 기분이 좋아지는 것이다. 당신은 이 과정을 연습하면서 기분이 상쾌해져야 한다. 되도록 행복하고, 기쁘고, 조화로워져야 한다. _조 바이뺄리 박사

누구에게나 영상을 그리는 능력이 있다. 부엌을 묘사하면서 이를 증명해보자. 먼저 당신 마음에서 자신의 집 부엌에 관한 생각을 모두 비워버려라. 부엌을 생각하지 마라. 그 그림은 완전히 지워라. 찬장, 냉장고, 오븐, 타일, 식탁, 모두.

방금 당신은 자신의 부엌을 마음속으로 그렸을 것이다. 아닌가? 이것이 바로 그림 그리기다!

"사람은 자신이 알든 모르든 누구나 영상을 그린다. 영상 그리기는 모든 성공의 놀라운 비밀이다."

- 제너비브 베런드(1881-1960년)

그림 그리기와 관련된 비법을 하나 알려주겠다. 존 디마티니 박사가 '돌파하기 연습' 세미나에서 이야기하는 내용이다. 디마티니 박사는 마음에 정적인 그림을 그리면 그 그림을 유지하기가 어려우니까 마음에 그릴 때 움직임이 많이 들어가게 하라고 이야기한다.

예를 들자면 다시 부엌을 상상해보라. 이번에는 부엌으로 걸어가서 냉장고 손잡이에 손을 얹어 문을 연다. 안을 들여다보니 시원한 물이 눈에 띈다. 손을 뻗어서 잡는 모습을 상상하라. 물통을 잡을 때 차가운 느낌이 들 것이다. 한 손으로 물통을 잡고 다른 손으로 냉장고 문을 닫는다. 이렇게 움직임을 곁들여서 세부적으로 영상을 그리니까 훨씬 쉽고 그림에 집중하기도 쉬워지지 않는가?

> "우리는 모두 자신이 아는 것보다 훨씬 큰 능력과 가능성
> 이 있다. 그림 그리기는 그 중에서도 가장 큰 능력이다."
>
> — 제너비브 베런드

강력한 도구 적용 사례

이 방식으로 마법 같은 인생을 살아가는 사람들과 그렇지 않은 사람들 사이의 유일한 차이는, 전자는 생활 방식을 습관으로 만들어둔다는 점이다. 이들은 끌어당김의 법칙을 습관으로 만들어서 어디를 가든지 마법이 일어나는 듯 보인다. 이는 이들이 늘 끌어당김의 법칙을 쓰기 때문이다. 이들은 그냥 한번 쓰고 마는 게 아니라 늘 활

용한다. _마시 시모프

끌어당김의 법칙과 우주의 완결함을 명쾌하게 보여주는 두 가지 실화를 소개할까 한다.

첫 번째 이야기는 지니라는 여성의 사례다. 지니는 「시크릿」 DVD판을 구입하고 하루에 적어도 한 번씩 보면서 모든 메시지를 세포 하나하나에 흡수했다. 지니는 밥 프록터를 보고 깊은 인상을 받아서 밥을 만나면 좋겠다고 생각했다.

어느 날 아침 지니는 우편물을 찾다가 깜짝 놀라고 말았다. 우체부가 밥 프록터의 우편물을 우연히 자신의 우편함에 넣어둔 것이다. 지니는 밥 프록터가 자기 집에서 고작 네 블록 떨어진 곳에 산다는 사실을 몰랐다! 그뿐 아니다. 지니의 번지수가 밥의 번지수와 같았다. 지니는 즉시 우편물을 들고 밥의 집으로 갔다. 문이 열리고 지니 앞에 밥 프록터가 서 있을 때 그녀가 얼마나 기뻤을지 상상이 가는가? 밥은 전 세계를 강연하러 다니기 때문에 집에 거의 없는 편인데, 완벽한 시간에 두 사람이 만나게 되다니. 지니가 밥 프록터를 만나면 얼마나 멋질까 하고 생각하자 이것이 끌어당김의 법칙에 따라 사람과 환경과 사건을 움직였고, 실제로 그대로 이루어졌다.

두 번째 이야기에는 열 살 난 남자아이 콜린이 등장한다. 콜린은 「시

크릿」을 보고 무척 마음에 들었다. 콜린의 가족이 1주일간 디즈니랜드에 방문했는데 첫날 가보니 줄이 대단히 길었다. 그래서 그날 밤 잠들기 전에 콜린은 이렇게 생각했다. "내일은 재미있는 것도 모조리 타고 기다리지도 않으면 좋겠어."

다음 날 아침 디즈니랜드가 개장하자 콜린은 가족과 함께 디즈니랜드의 두 번째 구역인 '엡컷 센터' 정문으로 갔다. 그러자 디즈니 직원이 다가와서 "오늘의 첫 번째 가족이 되셨습니다"라고 말했다. 첫 번째 가족이 되면 귀빈 대우를 받게 되어 직원의 호위를 받으며 엡컷 센터에 있는 모든 놀이기구를 탈 수 있었다. 콜린이 소망했던 것보다 더 멋진 결과였다!

그날 아침 수백 명이 엡컷 센터에 들어가려고 줄을 서서 기다렸지만, 콜린은 왜 자기 가족이 '첫 번째 가족'으로 선택되었는지 전혀 의심하지 않았다. 비밀을 활용했기 때문이라는 사실을 알았기에.

고작 10살에, 세상을 움직일 힘이 자기 안에 있음을 발견하는 상황을 상상해보라!

> "당신의 소망이 구체적인 실체로 나타나지 못하게 막을 수 있는 존재는 오직 하나뿐이고, 그 존재는 바로 애초에 소망을 창조한 당신이다."
>
> － 제너비브 베런드

사람들은 잠시 해보고는 정말 챔피언이라도 된 양 말한다. "진짜 끝내준다. 내가 어떤 DVD를 봤는데, 인생을 바꿀 수 있을 것 같아." 그런데 결과는 나타나지 않는다. 표면 아래로 내려가 보면 이제 막 싹이 솟아나려고 하는 상태인데 정작 그 사람은 표면적인 결과만 보고 말한다. "이거 효과 없잖아." 그거 아는가? 우주는 말한다. "분부 받들겠습니다." 그래서 효과가 없어진다. _제임스 레이

의심스러운 생각이 마음에 들어가도록 방치하면, 끌어당김의 법칙에 따라 의심스러운 생각이 줄지어 들어온다. 의심스러운 생각이 드는 순간 곧바로 보내버려라. 그 생각이 사라지게 흘려보내라. 그 생각을 "소망은 이미 이뤄지고 있어"라는 생각으로 바꿔라. 그리고 이뤄졌을 때의 감정을 느껴라.

 끌어당김의 법칙을 알고 나서, 나는 그걸 활용하면 어떤 결과가 나오는지 정말 궁금했다. 그래서 1995년에 비전 보드라는 걸 만들기 시작했다. 성취하고 싶은 것이나, 끌어당기고 싶은 자동차나 시계, 또는 꿈에 그리던 배우자 따위를 정한 뒤에 그 보드에 그림을 붙여두었다. 나는 날마다 사무실에 앉아서 그 보드를 올려다보며 상상을 시작하곤 했다. 그러면서 이미 이루어졌을 때의 느낌에 빠져들었다.

나는 이사할 준비를 하고 있었다. 그래서 가구와 상자를 창고에 넣어두었다. 나는 5년이라는 기간 동안 세 차례 이사했다. 그런 다음에 캘리포니아로 옮겨서 지금 집을 사게 됐는데, 이 집을 산 뒤에 1년간 공사를 하고서 이전 집에 있던 물건을 모조리 옮겨왔다. 어느 날 아침 아들 키넌이 내 사무실로 찾아왔다가 마침 사무실 문 앞에 몇 년간 포장해둔 상자가 하나 놓여 있는 걸 발견했다. 아들이 물었다. "저 상자 뭐에요?" 내가 말했다. "비전 보드야." 그러자 아들이 다시 물었다. "비전 보드가 뭔데요?" "아빠가 목표로 삼은 걸 붙여두는 게시판이야. 아빠가 인생에서 이루고 싶은 목표를 붙여두는 거지." 물론 여섯 살밖에 안 된 아이여서 이해는 하지 못했다. 그래서 내가 말했다. "우리 왕자님, 아빠가 보여줄게. 그게 제일 쉽겠다."

나는 상자를 열었다. 한 보드에는 내가 5년 전에 상상한 집 그림이 있었다. 놀라운 점은 내가 바로 그 집에 살고 있다는 사실이었다. 그와 비슷한 집이 아니라 바로 그 집을 사서 수리해놓고도 그 사실을 잊어버리고 있었다니. 나는 그 집을 보고서 울기 시작했다. 감정에 압도되어버린 것이다. 아들이 물었다. "왜 울어요?" "이제야 끌어당김의 법칙이 어떻게 작용하는지 알겠다. 이제야 상상의 힘이 얼마나 큰지 알겠어. 이제야 내가 읽고 평생 동안 활용한 방법을, 이 회사를 세운 방법의 원리를 알겠어. 바로 그 방법으로 꿈에 그리던 집도 얼

었으면서 잊어버리고 있었다니." _존 아사라프

"상상은 삶의 핵심이다. 다가올 미래의 시사회다."

- 알베르트 아인슈타인(1879~1955년)

비전 보드에 원하는 것들의 그림과 바라는 인생의 모습을 붙여두고 상상에 불을 지피는 것도 좋다. 존 아사라프가 했듯이 비전 보드를 매일 눈길이 닿는 곳에 놓아두어라. 이미 얻었을 때의 감정을 느껴라. 받아서 감사함을 느끼고 나면 그림을 떼어내고 새로운 그림을 붙여도 좋다. 이것은 아이들에게 끌어당김의 법칙을 알려주는 좋은 방법이다. 비전 보드가 부모와 교사들에게 영감을 주었으면 한다.

'시크릿' 웹사이트 포럼에 가입한 어떤 사람은 자기 비전 보드에 「시크릿」 DVD 사진을 붙여놓았다. 그 사람은 「시크릿」을 보았지만 DVD를 갖고 있지는 않았다. 그가 비전 보드를 만들고 난 지 이틀 후, 나는 '시크릿 포럼'에 공지를 올려 처음으로 글을 올리는 사람 열 명에게 DVD를 나누어주겠다는 내용을 써야겠다고 맘먹었다. 그 열 사람 가운데 당연히 그 남자도 포함되어 있었다. 그는 비전 보드에 사진을 붙인 지 이틀 만에 DVD를 받았다. 「시크릿」 DVD든 집이든, 창조하여 받을 때 누리는 즐거움이란 참으로 대단하다!

또 다른 예로, 내 어머니가 새 집을 사려고 할 때였다. 어머니 외에도 몇 사람이 그 집을 사겠다고 제안했었다. 어머니는 '비밀'을 활용하여 집을 얻기로 결심했다. 앉아서 자신의 이름과 새 집의 주소를 쓰고 또 썼다. 그 주소가 마치 자신의 주소처럼 느껴질 때까지 계속 반복했다. 그러고는 그 집에 가구를 모조리 배치하는 상상을 했다. 이렇게 하기를 몇 시간. 전화벨이 울리더니 어머니로 결정되었다는 이야기를 들었다. 어머니는 너무나 기뻤지만, 놀라지는 않았다. 이미 자기 것임을 알았기 때문이다. 대단하지 않은가!

 원하는 걸 결정하라. 이루어질 수 있다고 믿어라. 당신이 그걸 얻을 자격이 있고 얻을 수 있다고 믿어라. 그런 뒤에 날마다 몇 분간 눈을 감고 원하는 것을 이미 얻었을 때, 소망이 이루어졌을 때의 감정을 상상하라. 그런 다음에는 고마운 일들에 집중하면서 그 감정을 즐겨라. 그러고 나서 잊어버리고 우주에 맡겨라. 우주가 알아서 당신에게 가져다주리라고 믿어라. _잭 캔필드

Secret Summaries

- 기대하면 강력하게 끌어당기게 된다. 원하는 것은 기대하고, 원치 않는 것은 기대하지 마라.

- 감사하기는 에너지를 전환하고 원하는 것이 더 많이 이루어지도록 하는 강력한 도구다. 이미 있는 것들에 감사하면, 좋은 것들이 더 많아지리라.

- 원하는 일이 이루어지기 전에 미리 고마워하면 우주에 더 강력한 신호를 보내게 된다.

- 그림 그리기란 '마음속에서 원하는 것을 즐기는 모습을 상상하는 과정'을 말한다. 상상하면, 이미 이루어졌을 때의 감정과 생각이 만들어진다. 그러면 끌어당김의 법칙에 따라 마음속에서 그렸던 모습 그대로가 현실에 나타난다.

- 끌어당김의 법칙을 잘 활용하려면, 그냥 한번 해보고 그만두지 말고 습관이 되게 하라.

- 하루 일과를 끝내고 잠자리에 들기 전에 그날 있었던 일들을 돌아보라. 당신이 원하는 대로 흘러가지 않은 사건이나 순간이 있다면, 모두 당신이 원하는 방식대로 다시 마음속에서 그려라.

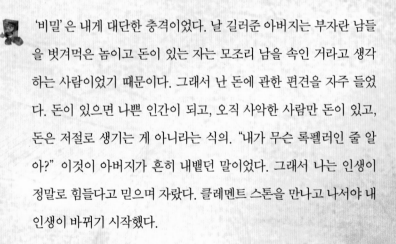

돈의 비밀

"마음은 상상할 수 있는 것은 무엇이든 성취할 수 있다."

- 클레멘트 스톤(1902-2002년)

'비밀'은 내게 대단한 충격이었다. 날 길러준 아버지는 부자란 남들을 벗겨먹은 놈이고 돈이 있는 자는 모조리 남을 속인 거라고 생각하는 사람이었기 때문이다. 그래서 난 돈에 관한 편견을 자주 들었다. 돈이 있으면 나쁜 인간이 되고, 오직 사악한 사람만 돈이 있고, 돈은 저절로 생기는 게 아니라는 식의. "내가 무슨 록펠러인 줄 알아?" 이것이 아버지가 흔히 내뱉던 말이었다. 그래서 나는 인생이 정말로 힘들다고 믿으며 자랐다. 클레멘트 스톤을 만나고 나서야 내 인생이 바뀌기 시작했다.

클레멘트 스톤과 일할 때, 그가 이런 말을 했다. "난 잭이 엄청나게 큰 목표를 정했으면 해. 그걸 이루고 나면 좋아서 날뛸 정도로 그런 큰 목표 말이야." 당시에 나는 1년에 약 8천 달러를 벌고 있었고, 그래서 이렇게 대답했다. "1년에 10만 달러를 벌고 싶습니다." 물론 나는 그걸 어떻게 해낼지 아무 생각이 없었다. 전략도, 가능성도 없었지만 이렇게 말했다. "그렇게 선언하고, 그대로 이뤄진다고 믿고, 그게 사실인 것처럼 행동하고, 사람들에게 공언할 겁니다." 나는 실제로 그렇게 했다.

클레멘트 스톤이 내게 가르쳐 준 한 가지는 날마다 눈을 감고 목표를 이미 이룬 듯 상상하라는 것이었다. 나는 10만 달러짜리 증서를 만들어서 천장에 붙여두었다. 아침에 눈을 뜨면 처음 보이는 것이 그 증서였다. 이런 식으로 내 의도를 마음에 떠올렸다. 그런 다음에 눈을 감고 10만 달러짜리 인생을 누리는 모습을 상상했다. 한 달간은 아무 일도 일어나지 않았다. 놀라운 아이디어가 생기지도 않았고 누가 내게 더 큰 수당을 제시하지도 않았다.

4주쯤 되자 10만 달러짜리 아이디어가 떠올랐다. 참 흥미롭게도 머리에 퍼뜩 떠오른 것이다. 내가 쓴 책에 이런 구절이 있었다. "책 한 권에 25센트를 받아서 40만부를 팔면 10만 달러가 된다." 내게 책은 있었지만 나는 이런 생각은 해보지도 않았다. ('비밀' 중 하나는 영감

이 떠올랐을 때 믿고 실행에 옮겨야 한다는 것이다.) 나는 어떻게 40만 부를 팔아야 할지 몰랐다. 그러다가 슈퍼마켓에서 「내셔널 인콰이어러National Enquirer」를 보게 되었다. 그 전에는 백만 번은 봤으면서도 눈에 들어오지 않던 잡지였다. 그런데 갑자기 눈에 뜨인 것이다. 나는 생각했다. "사람들이 내 책에 관해서 알게 되면 분명 40만 명은 사서 볼 거야."

약 6주 후 나는 뉴욕 헌터 칼리지에서 교사 600명에게 강연을 했는데, 강연이 끝나자 한 여성이 내게 다가와 말했다. "정말 멋진 강연이었어요. 인터뷰를 좀 하고 싶은데. 제 명함입니다." 알고 보니 그 여성은 「내셔널 인콰이어러」에 글을 싣는 자유 기고가였다. '환상특급The Twilight Zone'에 나오는 테마 음악이 내 머리를 스쳐가면서, '와, 이거 정말 되잖아' 라는 생각이 들었다. 잡지에 기사가 나갔고 내 책 판매 부수가 늘어나기 시작했다.

내가 말하려는 건 내가 그 여성을 만난 사건을 비롯한 모든 사건들을 끌어당겼다는 점이다. 간단히 말해서 그 해 나는 10만 달러를 벌지는 못했다. 9만 2,327달러를 벌었다. 하지만 내가 침울해져서 "효과 없잖아!"라고 말했을까? 아니다. 나는 "이거 정말 대단하네!"라고 말했다. 그러자 내 아내가 말했다. "10만 달러가 가능하다면, 100만 달러도 될까?" 내가 대답했다. "모르겠지만 되겠지. 해보자."

출판사 사장이 『영혼을 위한 닭고기 수프*Chicken Soup for the Soul*』의 인세를 보내왔다. 그런데 서명 끝에 웃음 마크가 있었다. 사장 자신도 100만 달러짜리 수표에 서명하기는 그때가 처음이었기 때문이었다. 이렇게 나는 경험으로 알게 되었다. 나는 시험해보고 싶었다. '이게 정말 효과가 있을까?' 그래서 우리는 시험해봤고, '비밀'은 정말로 효과가 있었다. 그때부터 나는 날마다 '내 인생'을 살아가고 있다. _잭 캔필드

'비밀'을 알고 끌어당김의 법칙을 의도적으로 활용하는 데는 적용하지 못할 부분이 없다. 당신이 만들어내고 싶은 것이 있다면 무엇이든 과정은 동일하고, 이는 돈을 만들어낼 때도 똑같다.

돈을 끌어당기려면 부에 집중해야 한다. 돈이 부족하다는 점을 느끼면서 돈을 더 많이 끌어당길 수는 없다. 돈이 부족하다고 느낀다는 건 돈이 부족하다고 생각한다는 뜻이기 때문이다. 돈이 부족하다는 사실에 집중하면 돈이 부족한 온갖 상황을 만들어내게 될 것이다. 돈을 끌어당기려면 반드시 풍족한 상태에 집중해야 한다.

당신은 생각으로 새로운 신호를 전송해야 하고, 그 생각은 '내게 지금 넘칠 정도로 돈이 있다'가 되어야 한다. 상상력을 동원하여 이미 원하는 만큼 돈이 있는 척 해야 한다. 그리고 해보면 무척 재미있다! 돈이 충분히 있다고 가장하는 놀이를 하다 보면 곧바로 돈을 기분 좋게 대하게 되고,

그렇게 되면서 돈이 당신 인생에 넘치기 시작할 것이다.

잭의 멋진 이야기를 들은 '시크릿 팀'은 시크릿 웹사이트 www.thesecret.tv 에 아무것도 적지 않은 수표 용지를 만들어두었다. 그것은 당신을 위해, 우주 은행이 발행한 수표다. 당신 이름과 금액과 기타 내용을 적은 다음에 언제나 눈에 잘 보이는 곳에 보관하라. 수표를 볼 때는 이미 돈이 있을 때의 감정을 느껴라. 돈 쓰는 모습을 상상하라. 사고 싶었던 물건을 사고, 하고 싶은 일을 하는 모습을 그려라. 얼마나 멋질지 느껴라! 구하면 이미 당신 것이 되므로, 자신의 것이라고 믿어라. '시크릿 수표'를 써서 막대한 돈을 불러들인 이야기는 수없이 많다. 이것은 실제로 효과가 있는 재미난 게임이다!

풍요를 끌어당겨라

어떤 사람이 돈이 충분하지 않은 유일한 이유는 생각으로 돈이 오지 못하게 '막고 있기' 때문이다. 모든 부정적인 생각이나 감정이나 느낌은 좋은 것이 당신에게 오지 못하게 막는다. 좋은 것에는 돈도 해당된다. 우주가 당신에게 돈을 주지 않기 때문이 아니다. 당신이 요구하는 돈은 이미 보이지 않는 차원에 존재하고 있다. 당신에게 돈이 충분치 않은 이유

는 돈이 자신에게 흘러 들어오지 못하게 당신이 막고 있기 때문이다. 생각으로 말이다. 생각의 저울이 '돈이 부족해'에서 '돈이 흘러 넘쳐' 쪽으로 기울어지게 해야 한다. 결핍이 아니라 풍요를 더 많이 생각하라. 그러면 저울은 기울어진다.

돈이 '필요'할 때는 필요하다는 감정이 강력하기 때문에 끌어당김의 법칙에 따라 '돈이 필요한 상황'을 더 끌어당기게 된다.

돈에 관해서는 나도 할 말이 좀 있다. '비밀'을 알아내기 직전까지만 해도, '회사가 지난해 막대한 손실을 입어서 석 달이면 무너질 거야'라고 내 회계사가 말했던 것이다. 10년간 힘들게 일했는데 회사가 무너진다니. 회사를 살리기 위해 돈이 필요했고, 그러자 상황은 더 나빠졌다. 빠져나갈 길이 없는 것 같았다.

바로 그때 '비밀'을 발견했다. 그리고 회사 상태를 비롯한 모든 상황이 뒤바뀌었다. 내 사고방식이 바뀌었기 때문이다. 회계사는 여전히 숫자를 보면서 안달복달하고 있었지만, 나는 다 잘 될 거라고 생각하고 풍요에 집중했다. 나는 우주가 내 소망을 이뤄줄 거라고 온 몸으로 믿었고, 실제로 그렇게 되었다. 우주는 내가 상상하지 못한 방식으로 소망을 이뤄주었다. 의심이 든 적도 있지만 그럴 때면 곧바로 내가 원하는 결과에 생각을 집중했다. 나는 고마워했고, 기뻐했고, 믿었다!

나는 당신에게 이 '비밀'을 누설하려고 한다. 인생에서 무엇이든 원하

는 것을 이루는 지름길은 지금 행복을 느끼는 것이다! 이 방법은 무엇이
든 소원을 이루는 가장 빠른 길이다. 우주에 기쁨과 행복의 감정을 전송
하라. 그러면 기쁨과 행복을 가져다줄 온갖 일들이 당신에게 돌아올 것
이다. 풍족한 경제력뿐 아니라 무엇이든 올 것이다. 원하는 것을 이루려
면 반드시 신호를 보내야 한다. 행복한 감정을 보낼 때, 행복을 주는 일들
이 삶에 나타날 것이다. 끌어당김의 법칙은 당신의 가장 깊은 감정과 생
각을 당신 삶으로 되돌려 보낸다.

풍요에 집중하라

 다음처럼 생각하는 수많은 사람이 어디든 널려 있다. "어떻게 하면
더 많은 돈이 생길까? 어떻게 하면 돈을 더 많이 벌까? 어떻게 하면
더 부자가 돼서 풍요롭게 살까? 어떻게 하면 신용카드 빚도 다 갚고,
지금 상황을 타개할 수 있을까? 어떻게 해야 더 버는 거지?" 그냥 그
렇게 하겠다고 마음먹어라!

이제 이야기는 이 책에서 내내 이야기한 주제로 되돌아간다. 당신은
우주라는 카탈로그에서 무엇을 갖고 싶은지 선택하면 된다. 현금을
원한다면 얼마나 원하는지 말하라. "앞으로 30일 이내에 2만 5천 달

러를 뜻밖의 소득으로 얻고 싶어." 또는 뭐가 되든지 좋다. 다만 당
신이 믿을 수 있는 내용이어야 한다. _조 바이탤리 박사

이제까지 오직 직업을 통해서만 돈을 벌 수 있다고 여겼다면 그 생각
을 즉시 버려라. 계속 그렇게 생각하면 반드시 그런 경험을 하게 된다는
점을 이해하겠는가? 그런 생각은 당신에게 도움이 되지 않는다.

이제 당신은 자신에게 풍요가 준비되어 있고 '어떻게' 돈을 불러들일
지 고민할 필요가 없다는 점을 이해하기 시작했을 것이다. 당신은 구하고,
받을 거라고 믿고, 지금 행복을 느끼면 된다. 나머지는 우주에 맡겨라.

사람들은 대부분 빚 청산을 목표로 정한다. 그렇게 하면 영원히 빚
에서 벗어나지 못한다. 무엇을 생각하든, 그것을 끌어당기게 되기
때문이다. 누군가는 "하지만 빚에서 '벗어난다'는 건데"라고 말할
지 모른다. 빚에서 벗어나든 빚에 빠져들든 상관없다. 빚을 생각하
면 빚을 불러들이게 된다. 빚 대신 풍요에 집중하라. _밥 프록터

어떻게 처리해야 좋을지 감도 오지 않는 청구서가 한 상자라면, 청구
서에 초점을 맞춰서는 안 된다. 그러면 계속해서 청구서가 끌려올 것이
기 때문이다. 주변에 청구서가 잔뜩 있더라도 풍요에 가장 잘 집중할 수

있는 길을 찾아야 한다. 기분이 좋아질 방법을 찾아서 좋은 것이 끌려오게 해야 한다.

"내년에는 수입이 두 배가 됐으면 좋겠어"라고 말하는 사람은 엄청나게 많다. 하지만 사람들 행동을 보면 수입이 두 배가 되도록 움직이지는 않는다. 사람들은 뒤돌아서는 순간 "형편이 안 돼서……"라고 말한다. 결과가 어떻게 될까? "분부 받들겠습니다."_제임스 레이

"살 형편이 돼야지"라는 말이 당신 입에서 새어나간 적이 있다면, 지금이 바꿀 기회다. 이렇게 바꿔라. "살 수 있어! 가능해!" 계속해서 말하라. 앵무새처럼. 앞으로 30일간 원하는 것을 바라보고 "살 수 있어! 가능해!"라고 말하겠다고 다짐하라. 꿈에 그리던 차가 지나가거든 "저것도 살 수 있어"라고 말하라. 맘에 쏙 드는 옷을 보게 되거든, 멋진 휴가가 떠오르거든 말하라. "저것도 살 거야." 이렇게 하면 자신도 바뀌기 시작하고, 돈을 대하는 감정도 달라지기 시작한다. 스스로 그런 것들을 누릴 여유가 있다고 확신하게 되고, 그렇게 되면 인생관이 달라진다.

결핍과 궁핍과 없는 것에 집중하고, 가족에게 그게 없다며 안달하고, 친구들에게 없다고 이야기하고, 자식에게 "그건 무리야. 우린 그

정도로 부자가 아니거든"하고 말한다면, 결코 그렇게 할 여유가 생기지 않을 것이다. '없는 것'을 더 많이 끌어당기게 될 터이기에. 풍요를 원하고 번영을 원한다면, 풍요에 집중하라. 번영에 집중하라.

_리사 니콜스

"눈에 보이는 부의 원천인 영적인 원료는 결코 고갈되지 않는다. 항상 당신과 함께하고, 당신의 믿음과 요구에 부응한다."

- 찰스 필모어(1854-1948년)

이제 '비밀'을 알았으니, 돈이 많은 사람을 보면 그 사람을 지배하는 생각이 결핍이 아니라 풍요라는 점과 그들이 의식적으로든 무의식적으로든 풍요를 끌어당겼다는 점을 알게 될 것이다. 그들은 부에 집중했고, 우주는 사람과 상황과 사건을 움직여 그들에게 부를 가져다주었다.

그들이 누리는 부는 당신에게도 있다. 차이는, 그들은 부를 끌어당기는 생각을 했다는 점뿐이다. 당신의 부는 보이지 않는 차원에서 당신을 기다리고 있다. 그것이 눈에 보이는 차원으로 나타나기를 바란다면, 부를 생각하라!

처음에 '비밀'을 이해했을 때, 내 우편함에는 날마다 청구서가 여러 장 날아들고는 했다. 나는 생각했다. "이걸 어떻게 바꾼다?" 끌어당김의 법칙에 따르면 집중하는 대상을 끌어당기게 된다. 그래서 나는 은행 입금 내역서를 가져다가 화이트로 총액 부분을 지우고서 내가 원하는 다른 금액을 기입했다. 그런 뒤에 생각했다. "통장에 잔고가 잔뜩 들어 있는 모습을 상상하면 어떻게 될까?" 그래서 통장 잔고가 쑥쑥 늘어나는 장면과 수표로 가득한 지갑을 상상했다. 한 달이 채 지나기 전에 상황이 변하기 시작했다. 놀라웠다. 항상 비어있던 통장과 지갑이 수표와 현금으로 가득 차게 된 것이다. _데이비드 셔머

「시크릿」 DVD 발매가 시작된 후, 영화를 본 뒤로 뜻밖의 수표를 받았다는 내용의 편지가 수천 수백 통이 날아왔다. 그리고 그것은 사람들이 데이비드의 이야기에 매료되어 그와 마찬가지로 수표를 끌어당겼기 때문이었다.

나는 청구서 무더기에 대한 내 감정을 전환하기 위해서 청구서가 사실은 수표라고 가장하는 놀이를 생각해냈다. 나는 청구서를 열어보면서 뛸 듯이 기뻐하며 말했다. "돈이 또 들어오다니! 고맙습니다. 고맙습니다." 청구서를 볼 때마다 그것이 수표라고 상상하고서 마음속으로 청구액 끝에 0을 하나 더 붙여서 더 많이 들어오게 했다. 공책 첫 페이지에는 "이미

받았다"라고 써두고, 청구서에 기록된 청구액에 0을 하나 더 붙인 금액을 모두 기록해두었다. 각 금액 옆에는 "고맙습니다"라는 문구를 써놓고 그것을 받아서 정말 고맙다는 감정을 느꼈다. 눈에 눈물이 날 정도로. 그런 뒤에 내가 받은 금액에 비하면 보잘것없이 사소한 청구액을 보면서 감사하며 지불하는 모습을 그렸다.

나는 청구서를 받으면 '그것이 수표'라는 감정에 빠져들기 전에는 결코 청구서를 열어보지 않았다. 수표라고 확신하기 전에 청구서를 열어보면 속이 메스꺼워졌다. 나는 그 느낌이 청구서를 더 많이 끌어당길 것임을 알았다. 그 느낌을 없애고 기뻐함으로써 돈이 더 많이 들어오게 해야 한다는 것도 알았다. 청구서가 무더기로 쌓인 상황에서, 나는 이 놀이로 효과를 보았고, 그 후로 내 인생은 바뀌었다. 당신도 여러 가지 놀이를 만들 수 있다. 그리고 자신의 느낌을 들여다보면 무엇이 가장 잘 맞는지 알게 될 것이다. '가장하기' 놀이를 하면, 결과가 빠르게 나타난다.

 나는 "돈은 힘들게 일해서 버는 거야"라는 말을 들으며 자랐다. 그러나 나는 이것을 "돈은 쉽게 시시때때로 들어온다"라고 바꿨다. 당신에게도 처음에는 이 말이 거짓말처럼 느껴지리라. 마음 어딘가에서 이렇게 말하겠지. "순 거짓말쟁이. 돈 버는 건 정말로 힘들다고." 이 작은 공방전이 어느 정도는 계속된다고 알아두는 편이 좋을 것

이다. _로럴 랭마이어(재정 전략가, 개인 · 기업 코치)

당신이 "돈을 벌려면 정말 힘들게 일하고 고생을 해야 해"라고 생각한다면, 이 생각을 즉시 버려라. 그 생각을 할 때 당신은 바로 그 주파수의 신호를 전송한 것이고, 따라서 그것이 당신 삶에 나타난다. 로럴 랭마이어의 조언을 받아들여 이렇게 바꿔라. "돈은 쉽게 시시때때로 들어온다."

부 창조에 관해 말하자면, 부란 곧 마음가짐이다. 결국 문제는 당신의 생각이다. _데이비드 셔머

내가 사람들을 도와주다 보면, 일의 80퍼센트는 심리와 사고방식에 관한 것이 된다. 사람들은 흔히 "로럴이야 할 수 있겠죠. 난 아니라구요"라고 말한다. 그들은 돈을 대하는 태도와, 돈과의 관계를 바꿀 수 있다. _로럴 랭마이어

"좋은 소식이 있다. 사람들이 당신에게 주입한 믿음보다 당신 자신의 생각이 더 중요하다고 결심하는 순간, 풍요를 향한 탐험에 가속이 붙는다. 성공은 외부가 아니라 내면에서 나온다.

- 랄프 왈도 에머슨(1803-1882년)

돈을 더 많이 끌어당기려면 돈에 좋은 감정을 느껴야 한다. 돈이 별로 없을 때 돈을 좋게 여기지 않는다는 점은 이해가 간다. 하지만 그 부정적인 감정 때문에 돈이 더 많이 들어오지 못하고 있다! 당신은 악순환의 고리를 끊어야 하고, 끊으려면 돈에 좋은 감정을 느끼고 이미 가진 것에 감사해야 한다. 이렇게 말하고 느껴라. "내겐 이미 충분히 있어.""세상에 돈은 차고 넘치게 있고, 그 돈이 지금 내게로 오고 있어.""난 돈을 끌어당기는 자석이야.""난 돈을 사랑하고 돈도 나를 사랑해.""날마다 돈이 들어오네.""고맙습니다. 고맙습니다. 고맙습니다."

먼저 주고, 받아라

베풀기는 돈을 더 많이 불러들이는 강력한 행위다. 주는 행동에는 "내겐 충분히 있어"라는 의미가 담겨 있기 때문이다. 세상에서 가장 부유한 사람들이 바로 세상에서 가장 큰 자선사업가라는 점은 놀라운 일이 아니다. 그 사람들은 막대한 돈을 베풀고, 이때 끌어당김의 법칙에 따라 우주가 거대한 수문을 열어 엄청난 돈을 되돌려준다. 그 몇 배로!

"내겐 남들에게 줄 정도로 돈이 많지 않아"라고 생각한다면, 왜 당신이 돈이 많지 않은지 제대로 맞춘 셈이다. 이제 당신이 왜 돈이 충분하지

않은지 알 것이다. 줄 만큼 없다고 생각하더라도 베풀기 시작하라. 그로써 당신 믿음을 증명하면, 끌어당김의 법칙에 따라 더 많이 받을 것이다.

베풀기와 희생하기는 매우 다르다. 충만한 마음으로 베풀면 기분이 매우 좋다. 희생은 그리 기분이 좋지 않다. 둘을 혼동하지 마라. 둘은 정반대다. 한쪽은 '충분' 이라는 신호를, 다른 한쪽은 '결핍' 이라는 신호를 전송한다. 한쪽은 기분이 좋고, 한쪽은 기분이 좋지 않다. 희생은 결국 원망으로 이어진다. 충만한 마음으로 베푸는 것은 가장 기분 좋은 일이다. 끌어당김의 법칙은 그 신호를 받아서 당신에게 더 많이 퍼부을 것이다. 그 둘의 차이는 피부로 느낄 수 있다.

나는 막대한 돈을 벌어들이면서 인간관계는 고약한 사람을 많이 본다. 그런 건 부자가 아니다. 돈을 좇아서 돈이 많아질 수는 있겠지만, 그렇다고 부자가 된다고 보장할 수는 없다. 돈이 부의 일부가 아니라는 뜻이 아니다. 돈은 부의 일부가 맞다. 하지만 일부에 불과하다. 또 '영적' 이면서도 늘 아프고 돈이 궁한 사람들도 만난다. 그 역시 부자가 아니다. 인생은 모든 면에서 풍요로워야 한다. _제임스 레이

부유해지면 영적인 사람이 되지 못한다고 믿는 환경에서 성장했다면, 캐서린 폰더Catherine Ponder가 쓴 『성경 속 백만장자들The Millionaires of the

Bible』을 읽어보라고 강력하게 추천하고 싶다. 이 멋진 책에서 당신은 아브라함, 이삭, 야곱, 요셉, 모세 그리고 예수가 풍요를 가르친 교사였을 뿐 아니라 그들 스스로 백만장자로, 오늘날 백만장자들이 상상하는 삶보다 훨씬 부유하게 살았다는 점을 알게 될 것이다.

당신은 왕국을 물려받을 상속자다. 풍요는 당신의 권리이고, 풍요의 열쇠가 당신 손에 있다. 삶의 모든 면에서 상상 가능한 모든 것을 누릴 풍요의 열쇠가. 당신은 모든 좋은 것을 향유할 자격이 있고, 우주는 당신이 원하는 모든 좋은 것을 준다. 대신 당신은 끌어당겨야 한다. 이제 당신은 '비밀'을 알았다. 열쇠는 생각과 감정이다. 당신은 평생 그 열쇠를 손에 쥐고도 이를 모르고 살았던 것이다.

서양 문화권에 사는 사람들 가운데 꽤 많은 사람이 성공하려고 아주 애를 쓴다. 멋진 집과, 사업과, 기타 온갖 외적인 것들을 원한다. 그러나 우리가 연구한 바에 따르면 이런 외형적인 것을 얻는다고 정말로 원하는 것, 즉 행복을 얻는다는 보장은 없다. 사람들은 이런 외적인 것들이 행복을 가져다주리라 믿고 그것을 추구하지만, 이것은 주객이 전도된 방식이다. 당신은 내면의 기쁨, 평화, 비전을 먼저 추구해야 한다. 그래야 외적인 것들이 찾아올 것이다. _마시 시모프

당신이 원하는 모든 것은 내면에 달려 있다! 외부 세상은 결과의 차원이고, 생각이 결과로 나타난 것이다. 생각과 주파수를 '행복'에 맞춰라. 행복과 기쁨을 발산하고 온 힘을 다해 우주에 전송하면, 진정한 지상낙원을 경험하게 되리라.

Secret Summaries

- 돈을 끌어당기고 싶다면 부에 집중하라. 결핍에 집중하면서 돈을 끌어당길 수는 없다.

- 이미 원하는 만큼 돈이 있다고 가장하고 상상하면 도움이 된다. 부자가 된 것처럼 연기하고 돈을 좋게 생각하라. 돈을 대하는 감정이 바뀌면 돈이 더 많이 흘러들어올 것이다.

- 지금 행복을 느끼는 것이 돈을 더 많이 벌어들이는 가장 빠른 길이다.

- 원하는 것을 볼 때마다 "저거 살 수 있어. 가능해"라고 이야기하겠다고 결심하라. 사고방식이 바뀌어 돈을 대하는 감정이 달라질 것이다.

- 돈을 줌으로써 더 많이 끌어당겨라. 돈을 후하게 베풀면 "난 충분히 있어"라고 말하는 셈이다.

- 통장 잔고가 쑥쑥 늘어나는 상상을 하라.

- 생각의 저울이 '부' 쪽으로 기울어지게 하라. 부를 생각하라.

인간관계의 비밀

 '비밀'은 우주를 만드는 창조자이고, 우리의 모든 소원이 이루어지는 통로이다. 따라서 우리의 소망, 생각, 감정은 매우 중요하다. 그것이 현실로 나타날 테니까.

하루는 아주 유명한 영화 감독의 집에 찾아갔다. 집 구석구석에 천을 두른 여인의 나신이 그려진 아름다운 그림이 걸려 있었다. 그림 속 여인은 얼굴을 돌리고 있어서 마치 "당신이 보이지 않아요"라고 말하는 듯했다. 내가 말했다. "연애 전선에 문제가 좀 있으신 것 같네요." "무슨 천리안이라도 있어요?" "아뇨. 하지만 생각해보세요. 일곱 군데에 똑같은 여자 그림을 걸어두셨잖아요." "그게 내가 좋아하는 그림이라 그렇죠. 내가 직접 그렸어요." "그럼 더 안 좋은데요. 거기에 창의력과 창조력을 쏟아 부었다는 뜻이 되니까요."

감독은 아주 잘 생긴 데다 주변에 아리따운 여인이 가득했다. 하는 일의 특성 때문이었다. 그런데도 연애를 하지 못했다. 내가 물었다. "원하시는 게 뭐죠?" "한 주에 세 여자와 데이트하는 겁니다." "좋습니다. 그걸 그리세요. 세 여인과 데이트하는 모습을 그려서 곳곳에 걸어두세요."

6개월 후 감독을 만났을 때 내가 물었다. "연애 사업은 어떠신가요?" "좋아요! 여자들이 서로 전화를 걸어서 데이트하고 싶다고 합니다." "그게 감독님 소원이니까요." "기분 죽입니다. 지난 몇 년간 데이트라고는 해보지 못했는데 이제 일주일에 세 여자랑 데이트를 하다니. 세 여자가 절 놓고 싸운다니까요." "잘 됐군요." "이제 안정하고 싶어요. 진짜 연애도 하고 싶고, 결혼도 하고 싶구요." "그럼 또 그리세요." 감독은 아름답고 로맨틱한 관계를 그림으로 표현했고, 1년 후에 결혼해서 아주 행복하게 살고 있다.

이전의 감독은 자신이 바라는 소원을 내쫓았기 때문에 수년간 소원했으면서도 이루지 못했다. 그렇게 되지 못하도록 스스로 막고 있었기 때문이다. 감독의 외적인 차원, 곧 집이 잘못된 그림과 어우러져서 감독의 소원을 계속 방해하고 있었던 것이다. 이 원리를 이해한다면, 써먹기 시작하라. _마리 다이아몬드(풍수 컨설턴트, 교사)

마리 다이아몬드의 이야기에는 풍수Feng Shui가 「시크릿」에 나온 가르침을 얼마나 잘 반영하는지 드러나 있다. 위의 사례는 생각을 행동으로 옮기면 얼마나 강력한 창조력이 발생되는지 잘 보여준다. 뭔가 행동하려면 반드시 그 전에 생각이 있어야 한다. 생각은 말과 감정과 행동을 만들어낸다. 행동은 특히 강력하다. 그것은 생각에서 비롯되어 나타난 것이기 때문이다.

우리는 자신의 가장 은밀한 생각이 무엇인지 인식하지 못할지도 모르지만, 우리가 한 행동을 보면 우리가 어떤 생각을 해왔는지 알 수 있다. 영화 감독 이야기에서도 감독의 가장 은밀한 생각이 행동과 환경에 반영되어 있었다. 감독은 여러 여성을 그렸지만, 모두가 그에게서 얼굴을 돌리고 있었다. 당신은 감독의 내밀한 생각이 뭔지 알겠는가? 말로는 더 많은 여자와 데이트하고 싶다고 하면서도 내면 깊은 곳에서는 그와 다르게 생각했고, 그것이 그림에 표현되었다. 의도적으로 행동을 바꾸기로 결심함으로써, 감독은 생각을 '원하는 것'에 집중할 수 있었다. 이런 간단한 변화만으로, 감독은 인생을 끌어당김의 법칙으로 실현해내었다.

뭔가를 끌어당기려고 할 때는 엉뚱한 행동으로 소망을 거스르지 않도록 주의하라. 이것을 아주 멋지게 보여준 예를 들자면 「시크릿」에 등장한 대가 중 한 사람인 마이크 둘리가 만든 오디오 강좌 '우주를 활용하고 마법을 써라'가 있다. 여기에는 완벽한 배우자를 끌어당기려고 하는 어

떤 여성에 관한 이야기가 담겨 있다. 그 여성은 해야 할 일을 모조리 했다. 배우자가 어떤 사람이기를 바라는지 명확히 정했고, 남자의 모든 특징을 세세히 기록했으며, 그 남자가 나타난 상황을 상상했다. 그랬는데도 배우자는 흔적조차 보이지 않았다.

그러던 어느 날 여자가 집에 도착해서 차고 한가운데 주차하다가, 문득 자신의 소원을 스스로 망쳐놓고 있었음을 깨닫고 목이 메었다. 차고 가운데 주차하면 배우자가 주차할 공간은 없어지게 되는 것이다! 여성은 이 행동으로 '소원은 이루어지지 않을 거야'라는 의미를 자기도 모르게 우주에 강력히 전달했던 셈이다. 그래서 여자는 차고를 깨끗이 청소하고 자기 차를 한쪽에 주차했다. 남은 쪽에는 완벽한 배우자가 쓸 수 있도록. 그런 뒤에 침실로 가서 자기 옷으로 가득하던 옷장 문을 열었다. 거기에도 배우자가 쓸 공간이 없었다. 그래서 여자는 옷을 다른 곳으로 옮겨 공간을 만들었다. 침대에서도 한가운데서 자다가 한쪽에서 자기 시작했다. 배우자 자리를 남겨두려는 배려였다.

이 여성은 저녁을 먹으면서 이 이야기를 마이크 둘리에게 들려주었는데, 그때 그 옆에는 그 완벽한 배우자가 앉아 있었다. 이미 완벽한 배우자를 얻은 것처럼 행동하고 나자, 실제로 배우자가 나타났고, 둘은 결혼해 행복하게 살고 있다.

'이루어진 척하기'를 보여주는 또 다른 간단한 사례는 내 여동생 글

렌다 이야기다. 글렌다는 「시크릿」 제작 매니저다. 호주에서 거주하면서 일했는데, 미국으로 와서 나와 함께 미국 사무실에서 일하고 싶어 했다. 글렌다는 '비밀'을 아주 잘 알았고, 따라서 원하는 것이 이루어지도록 모든 준비를 했는데도 몇 달이 지나도록 여전히 호주에서 떠나지 못하고 있었다.

글렌다는 자기 행동을 돌아보고서 자신이 요청한 것이 이미 이루어진 듯 행동하지 않았음을 깨달았다. 그래서 행동하기 시작했다. 미국으로 오기 위해 모든 준비를 마쳤다. 특정 단체 회원 자격을 포기했고, 필요하지 않은 것은 사람들에게 나눠줬으며, 가방을 꺼내 짐을 꾸렸다. 4주가 지나기 전에, 글렌다는 미국에 도착해서 우리와 함께 일하게 되었다.

당신이 뭘 요청했는지 생각해보고, 받기를 바라는 상황에 맞게 행동하고 있는지, 행동과 소망이 상충하지는 않는지 점검하라. 이미 받은 사람처럼 행동하라. 오늘 소원이 이루어지면 어떻게 하고 싶은지 생각하고, 그와 똑같이 행동하고 그 강한 기대심에 어울리게 행동하라. 소원을 받아들일 자리를 만들라. 그리고 기대하고 있다는 강력한 신호를 보내라.

당신 임무는 자신을 챙기는 것

 인간관계 안으로 들어가면, 그 관계에 누가 개입하는지 먼저 이해해야 한다. 다시 말해서 당신은 배우자가 아니라 먼저 '자신'을 이해해야 한다. _리사 니콜스

당신 스스로 자신과 함께하기를 즐거이 하지 않으면서 그 누가 당신과 함께하기를 즐거이 여기리라 기대하겠는가? 끌어당김의 법칙은 소원이 이루어지게 해주는 방법이다. 그러려면 당신은 먼저 아주 명확해져야 한다. 이런 질문을 자신에게 던져 보라. 당신은 다른 사람에게 대우 받기 바라는 대로 자신을 대하는가? _제임스 레이

남들에게 대우 받기 바라는 대로 자신을 대하지 않으면, 당신은 결코 현재 상태를 바꿀 수 없다. 행동은 강력한 생각의 결과고, 따라서 자신을 사랑과 존중으로 대하지 않는다면 당신은 '난 그리 중요한 사람이 아니야, 가치 있는 사람이 아니야, 사랑 받을 자격이 없어'라는 신호를 전송하게 된다. 이 신호는 계속 전송될 테고 사람들은 더욱 당신을 잘 대해주지 않을 것이다. 사람들의 행동은 단지 결과일 뿐이다. 원인은 당신의 생각이다. 당신은 반드시 자신을 사랑과 존중으로 대해야 하고 그 신호와

주파수를 전송해야 한다. 그러면 끌어당김의 법칙이 우주를 움직여 당신을 사랑하고 존중하는 사람이 넘치게 하리라.

남들을 위해 자신을 희생하면서, '그러면 좋은 사람이 된다'고 여기는 사람이 많다. 천만에! 자신을 희생하는 것은 철저한 결핍 의식에서 비롯된 행동이다. 희생은 "모두가 즐길 정도로 충분치 않으니 내가 안 받을게"라는 의미를 내포하기 때문이다. 이런 느낌은 좋지가 않고 결국 분개로 이어진다. 우주는 모두가 누릴 정도로 풍요롭고, 자신의 소망을 끌어당기는 것은 각자가 할 몫이다. 우리는 남을 대신해 끌어당겨줄 수 없다. 대신 생각하고 대신 느낄 수는 없기 때문이다. 당신의 임무는 자신을 챙기는 것이다. 유쾌하게 지내는 것을 중요하게 여기고 행동하면, 그 파장이 가까이에 있는 모든 사람에게 흘러들어갈 것이다.

 스스로 자신의 해결책이 되어라. 남한테 "부디 나를 데려가세요. 그리고 내게 더 많이 주세요"라고 말하지 마라. 대신 스스로 자신에게 더 많이 베풀어라. 시간을 내서 자신에게 베풀고, 자신을 가득 채워서 남들에게 베풀 수 있게 하라. _존 그레이 박사

"사랑을 얻으려면 자신을 가득 채워 자석이 되게 하라."

- 찰스 해낼

사람들은 자신을 제일 마지막에 생각하라고 배우며 자랐고, 그 결과 자신이 무가치하고 받을 자격이 없다는 감정을 끌어당기게 되었다. 이 감정이 우리 안에 자리를 잡았기에, 우리는 계속해서 무가치하고 부족하다고 느끼게 될 상황을 끌어당겼다. 당신은 이 생각을 바꿔야 한다.

> "당연하겠지만, 어떤 사람에게는 '자신에게 사랑을 그토록 많이 베푼다'는 발상이 너무 이기적이고 타인에 대해서는 아주 냉정하고 무정하고 무자비하다고 느껴질지 모른다. 하지만 이것은 다르게 볼 수도 있다. 무한한 존재인 신이 명한 대로 '자신을 돌보는 일'이 사실은 '타인'을 돌보는 일이고, '타인'에게 영원히 이로움을 줄 유일한 방법이라는 것을 알게 된다면."
>
> - 프렌티스 멀포드

먼저 자신을 채우지 않으면 다른 사람에게 줄 것이 아무것도 없게 된다. 따라서 반드시 먼저 '당신'을 돌보아야 한다. 먼저 자신을 기쁘게 하라. 다른 사람들을 기쁘게 하는 건 그들의 몫이다. 자신을 기쁘게 하고 기분이 좋아지는 일을 할 때, 당신은 주변 사람들에게 기쁨이 되고 만나는 모든 사람에게 빛나는 모범이 될 것이다. 기쁨을 느낄 때는 베풀려고 생

각할 필요도 없다. 자연히 흘러넘칠 테니까.

 나는 '당신 정말 예뻐'라는 말을 듣기 기대하면서 여러 사람과 관계를 맺었다. 나 스스로 내 아름다움을 보지 못했기 때문이었다. 내가 자랄 때 내 영웅은 소머즈, 원더우먼, 미녀 삼총사였다. 이들은 멋지기는 했지만 나와 닮지는 않았다. 내가 나 자신과 사랑에 빠지고 나서야, 나의 커피색 피부, 두툼한 입술, 커다란 엉덩이, 곱슬곱슬한 검정머리를 사랑하게 되고 나서야, 세상도 나와 사랑에 빠진다는 걸 알 수 있게 되었다. _리사 니콜스

당신이 자신을 사랑해야 하는 이유는 자신을 사랑하지 않으면 기분이 좋아질 수 없기 때문이다. 자신을 나쁘게 생각하면, 우주가 보내는 모든 사랑과 좋은 것을 오지 못하게 가로막는 격이다.

자신을 나쁘게 생각할 때는 마치 생명력이 빠져나가는 느낌이 들 것이다. 건강, 부, 사랑과 같은 좋은 것은 모두 좋은 기분이나 기쁨과 같은 주파수대에 있기 때문이다. 에너지가 넘치고 건강하다는 느낌도 모두 좋은 기분과 같은 주파수대에 있다. 자신을 좋게 생각하지 않을 때, 당신은 자신을 나쁘게 생각할 상황과 사람과 환경을 더 많이 끌어당기게 된다.

관점을 바꾸어 자신의 온갖 멋진 면을 생각하라. 자신의 긍정적인 면

을 찾아라. 이것에 집중하면, 끌어당김의 법칙에 따라 좋은 면들이 더 많이 끌려올 것이다. 우리는 생각하는 것을 끌어당기게 된다. 당신은 그저 자신의 좋은 면을 일정 기간 생각하기만 하면 된다. 그러면 끌어당김의 법칙이 이에 반응하여 그와 비슷한 생각을 보내줄 것이다. 자신의 좋은 면을 찾아라. 찾으라, 그리하면 얻을 것이니!

누구에게나 정말 대단한 부분은 있다. 나는 나 자신을 44년간 연구했다. 가끔은 나 자신에게 키스도 하고 싶다! 자신을 사랑하면 이렇게 된다. 자만을 이야기하는 게 아니다. 자신을 건전한 마음으로 존중하라는 뜻이다. 자신을 사랑하면, 자연히 남도 사랑하게 될 것이다. _밥 프록터

사람을 만날 때 우리는 상대에 관해 불평하는 데 너무 익숙하다. 예를 들자면, "우리 동료는 너무 게을러", "우리 남편 때문에 미치겠어", "우리 애들은 너무 까다로워" 등이다. 언제나 타인에게 집중되어 있다. 하지만 관계가 제대로 돌아가려면, 상대의 좋은 점에 집중해야 한다. 불평하면 불평할 일이 더 많이 생길 뿐이다.

인간관계 때문에 정말 힘든 상황이라고 해도, 뜻대로 되지 않고, 잘 어울리지도 못하고, 어떤 사람 때문에 기분이 언짢더라도, 여전히

상황을 역전시킬 수 있다. 종이를 한 장 꺼내라. 앞으로 30일간, 그 사람에 관해 고마운 부분을 모조리 기록하라. 그 사람을 사랑하는 온갖 이유를 생각하라. 유머감각, 잘 도와주는 면 등. 사람들의 장점을 인정하고 감사히 여기면 인정하고 고마워할 것이 더 많아지게 되고 좋지 않은 점은 모두 사라져버릴 것이다. _마시 시모프

 우리는 타인에게 자신의 행복을 맡겨버릴 때가 많다. 그런데 사람들은 우리가 원하는 대로 해주지 못할 때가 많다. 왜 그럴까? 자신의 기쁨과 행복을 책임질 유일한 사람은 바로 당신 자신이기 때문이다. 부모나 아이나 배우자조차 당신의 행복을 책임질 권한이 없다. 그들은 단지 당신이 행복할 때 기쁨을 나눌 기회가 되어줄 뿐이다. 기쁨은 당신 안에 있다. _리사 니콜스

기쁨은 사랑과 같은 주파수대에 있다. 가장 높고 가장 강력한 주파수대에. 손으로는 사랑을 붙잡지 못한다. 오직 가슴으로 느낄 수 있을 뿐이다. 사랑은 어떤 '상태'다. 사랑의 증거가 사람을 통해 드러나는 모습은 볼 수 있지만, 사랑은 감정이고 그것을 발산할 수 있는 유일한 사람은 당신이다. 사랑을 만들어내는 당신의 능력은 무한하고, 사랑할 때 당신은 우주와 완벽하게 조화를 이루게 된다. 가능한 모든 것을 사랑하라. 가능

한 모든 사람을 사랑하라. 사랑하는 대상에 집중하고, 사랑을 느껴라. 그러면 사랑과 기쁨이 몇 배가 되어 되돌아오리라! 끌어당김의 법칙이 틀림없이 당신에게 사랑할 대상을 더 많이 보내줄 것이다. 사랑을 발산하면, 온 우주가 당신을 위해 일해주고, 당신에게 온갖 기쁨을 가져다주고, 모든 좋은 사람을 데려다주는 것처럼 보이게 된다. 그리고 그건 사실이다.

Secret Summaries

- 사람을 끌어당기고 싶다면 생각과 말과 행동과 환경이 자신의 바람과 상충하지 않도록 주의하라.

- 당신의 임무는 자신을 챙기는 것이다. 먼저 자신을 채워주지 않으면 사람들에게 줄 게 없게 된다.

- 자신을 사랑하고 존중하면, 당신을 사랑하고 존중하는 사람들을 끌어당기게 되리라.

- 자신을 나쁘게 생각하면 사랑을 가로막게 되고, 자신을 계속 나쁘게 여기게 될 상황과 사람을 더 끌어당기게 된다.

- 자신의 좋은 점에 집중하라. 그러면 끌어당김의 법칙에 따라 좋은 점이 더 많이 나타날 것이다.

- 인간관계가 잘 흘러가려면, 상대방의 장점에 집중하라. 그러면 좋은 점이 더 많이 나타날 것이다.

건강의 비밀

우리 몸은 정말로 생각의 산물이다. 의학계는 생각과 감정의 특성이 실제로 신체의 구조와 기능과 물질을 얼마나 좌우하는지 이해하기 시작했다. _존 해길린 박사(양자물리학자, 공공정책 전문가)

우리는 플라시보 효과로 몸이 낫는다는 점을 이해한다. 플라시보란 실제로는 아무 효능이나 효과도 없는 설탕 등으로 만든 가짜약 따위를 말한다.

환자에게 가짜약을 주면서 효과가 있다고 말하면 실제 약을 먹었을 때보다 더 큰 효과는 없더라도 동일한 효과가 나타나기도 한다. 연구원들은 인간의 마음이 치유에서 가장 큰 영향을 미치는 요소이고 때로는 약보다 더 크게 작용한다는 점을 발견했다. _존 디마티니 박사

'비밀'이 얼마나 중요한지 인식하게 되면서, 당신은 건강을 비롯한 여러 부분에서 일어나는 일들에 감춰진 진실을 좀 더 명확하게 알게 될 것이다. 플라시보 효과는 강력하다. 환자가 약을 먹으면서 낫는다고 진실로 믿으면 믿는 대로 받게 되고, 따라서 나을 것이다.

> 몸이 아플 때, 우리는 마음속에서 무엇이 그 고통을 만들어냈는지 탐구해볼 필요가 있다. 물론 약물에 의존할 수도 있다. 병이 심각하여 죽음에 이를지도 모르는 상황이라면 분명히 약을 먹는 편이 현명하겠지만, 그와 동시에 마음속에 어떤 원인이 있는지 탐구해보면 좋다. 그러니까 약을 부정할 필요는 없다. 모든 치료 방식은 나름의 효과가 있기에. _존 디마티니 박사

심리 치료는 약과 조화를 이루며 효과를 낼 수 있다. 통증이 있다면 약물로 통증을 완화해서 건강에 강하게 집중하는 데 도움을 받을 수 있다. '완벽하게 건강한 모습 생각하기'는 주변 상황과 무관하게 누구나 혼자서 할 수 있는 방법이다.

 우주는 풍요의 대표작이다. 가슴을 열어 우주의 풍요를 느끼면, 경이와 기쁨과 환희, 그리고 건강과 부와 좋은 성격과 같은 온갖 좋은

것을 얻으리라. 그러나 부정적인 생각으로 자신을 차단하면, 불쾌함과 통증과 고통을 느끼고 하루하루가 고달프게 되리라. _리사 니콜스

질병과 진단법만 해도 수천 가지에 이른다. 사실 그것들은 모두 약한 사슬이 끊어져 생긴 현상이다. 모두가 한 가지 원인, 곧 스트레스에서 비롯된다. 사슬을 강하게 잡아당기면 약한 곳이 끊어지게 마련이다. _벤 존슨 박사(의사, 에너지 치유 리더)

스트레스는 모두 한 가지 부정적인 생각에서 비롯된다. 그리고 더 많은 생각이 계속해서 들어와 결국 스트레스가 표출된다. 결과는 스트레스지만 원인은 부정적인 사고방식이었고, 다시 그 원인을 추적하면 사소하지만 부정적인 생각 하나가 나온다. 어떤 현상이 나타났든지 바꿀 수 있다. 작지만 긍정적인 생각 하나로.

인체는 병이라는 형태로 우리에게 피드백을 주어 우리에게 불안정한 관점이 있거나, 사랑이나 감사함이 부족하다는 점을 알려준다. 따라서 신체의 신호나 증상은 끔찍스러운 것이 아니다. _존 디마티니 박사

디마티니 박사는 사랑과 감사함이 우리 삶의 모든 부정성을 녹여 없애

준다고 말한다. 사랑과 감사함은 바다를 가르고, 산을 움직이고, 기적을 일으킬 수 있다. 어떤 질병도 고칠 수 있다.

 흔히 묻는 질문이 있다. "몸이 병들거나 삶에서 불쾌한 일이 생기면, '올바른' 생각의 힘으로 이를 뒤집을 수 있는가?" 대답은 당연히 "그렇다"이다. _마이클 버나드 백위스

웃음이 최고의 약

 케이시 굿맨의 이야기

나는 유방암 진단을 받았다. 하지만 가슴속 깊은 곳에서 진심으로 내가 이미 나았다고 믿었다. 날마다 나는 이렇게 말했다. "고쳐주셔서 고맙습니다." 그렇게 계속해서 "고쳐주셔서 고맙습니다"라고 말했다. 나는 나았다고 믿었다. 내 몸에는 암이 전혀 없다고 여겼다.

나아지기 위해 내가 했던 한 가지는 아주 웃기는 영화를 관람하는 것이었다. 그저 웃고, 웃고, 또 웃기 위해서였다. 나 자신에게 그 어떤 스트레스도 줘서는 안 되었다. 자신을 치유하려고 할 때 가장 나쁜 것이 바로 스트레스이기 때문이다.

진단을 받고서 완치가 될 때까지는 약 석 달이 걸렸다. 게다가 방사선이나 화학요법은 실시하지 않았다.

케이시 굿맨이 들려준 이 아름답고 감동적인 이야기는 세 가지 강력한 힘이 작용한다는 점을 보여준다. 감사하기가 치유에 미치는 힘, 믿음이 성취에 미치는 힘, 웃음과 기쁨이 질병을 녹여 없애는 힘.

케이시는 노먼 커슨스Norman Cousins의 이야기를 들은 후에 '웃음'을 자신의 치유 방법 중에 하나로 집어넣기로 결심했다.

노먼 커슨스는 '불치병' 진단을 받았다. 의사들은 노먼에게 몇 달밖에 살지 못할 거라고 말했다. 노먼은 스스로 치유되리라 믿었다. 석 달간 오직 웃기는 영화를 보면서 웃고 웃고 또 웃었다. 석 달이 지나자 병이 나았고, 의사들은 이것을 기적이라고 했다.

우리 모두는 프로그램이 깔린 채로 세상에 나왔다. 그것을 '자가 치유' 프로그램이라고 한다. 상처가 나면 살이 나온다. 박테리아에 감염되면 면역계가 박테리아를 처리하고 상처를 치료해준다. 면역체계는 스스로 치유하도록 만들어졌다. _벤 존슨 박사

정서가 건강한 사람의 몸에서는 질병이 살아남지 못한다. 우리 몸은

매 순간 세포 수백 만 개를 버리고 동시에 수백 만 개를 만들어낸다.

_밥 프록터

사실 우리 몸의 일부분은 날마다 새롭게 바뀐다. 어떤 부분은 몇 달이 걸리고 어떤 부분은 몇 년이 걸린다. 몇 년마다 새로운 몸을 얻게 되는 것이다. _존 해길린 박사

과학이 입증했듯 온 몸이 몇 년 안에 새롭게 바뀐다면, 어떻게 변질이나 질병이 몇 년씩이나 우리 몸에 머무를 수 있을까? 오직 우리 생각, 질병에 대한 생각과 질병에 대한 관심 때문이다.

완벽한 생각을 하라

완벽한 생각을 하라. 병은 조화로운 생각이 깃들인 몸에서 살아남지 못한다. 불완전한 생각은 질병, 가난, 불행을 비롯한 온갖 악의 원인이다. 부정적인 생각을 할 때, 우리는 자신이 받아야 할 유산이 오지 못하게 차단하는 셈이다. 이렇게 선언하고 생각하라. "나는 완벽한 생각을 한다. 내게는 완벽함만 보인다. 나는 완벽하다."

나는 뻣뻣하고 민첩하지도 못한 몸을 완전히 바꾸었다. '내 몸은 아이처럼 유연하고 완벽하다'는 생각에 집중하자, 뻣뻣하고 아픈 관절이 모두 나았다. 문자 그대로 하룻밤 새 이렇게 되었다.

노화에 관한 믿음은 모두 마음에서 비롯된다. 과학은 우리 몸이 아주 짧은 시간에 새로 만들어진다는 사실을 보여주었다. 노화된다는 생각은 제한적인 사고방식이니 이 생각을 의식에서 지워버리고, 생일을 몇 번을 보냈든지 몸은 만들어진 지 몇 달밖에 안 되었다는 사실을 알라. 다음 생일에는 자신에게 친절을 베풀어 '첫 번째 생일'을 축하하라! 케이크에 초를 60개나 꽂지 마라. 노화를 끌어당기고 싶지 않다면. 아쉽게도 서구 사회들은 나이에 대한 생각이 굳어 있다. 사실 노화란 존재하지 않는데도.

당신은 완벽하게 건강한 상태, 완벽한 신체, 완벽한 몸무게, 영원한 젊음을 생각으로 얻을 수 있다. 완벽함을 지속적으로 생각하면 가능하다.

당신이 병에 걸렸는데 거기에 집중하고 있고 사람들에게도 병에 관해 이야기하고 있다면, 병든 세포가 더 늘어날 것이다. 자신이 완벽하게 건강한 상태를 그려라. 병은 의사에게 맡기고. _밥 프록터

사람이 아플 때는 흔히 그에 대해 종일 이야기한다. 항상 거기에 대해

생각하고, 따라서 그걸 말로 표현하게 되기 때문이다. 몸이 좀 좋지 않다고 느껴지면 그것에 대해 말하지 마라. 더 나빠지고 싶지 않다면, 그 상태가 된 원인이 자신의 생각에 있음을 알고 되도록 자주 이렇게 말하라. "기분 정말 좋다. 아주 좋아." 그리고 실제로도 그렇게 느껴라. 기분이 좋지 않은데 누군가 기분이 어떠냐고 물으면, 그 사람이 당신에게 기분 좋게 느껴야 한다는 사실을 상기시켜주었으니 고맙다고 생각하라. 오직 원하는 것만 말하라.

할 수 있다고 생각하기 전에는 그 무엇도 붙잡을 수 없고, 할 수 있다고 생각하면 그것을 끌어당기게 된다. 사람들이 자기 병에 대해 이야기할 때 그 말에 귀를 기울이면 당신에게 병이 오도록 초대하는 셈이 된다. 당신은 들으면서 병에 생각을 집중하게 되는데, 뭔가에 생각을 집중하면 그것을 원한다고 요청하는 셈이다. 게다가 그 사람에게도 도움이 되지 않는다. 병이 더 나빠지게 도와줄 뿐이다. 정말로 그 사람을 돕고 싶다면, 좋은 것에 관해 대화하라. 그렇게 하지 못한다면 그저 자신의 길을 가라. 이때 그 사람이 건강해지는 모습을 강력하게 생각하고 그때의 감정에 집중한 뒤에 잊어버려라.

 두 사람이 있는데 모두 어떤 병에 걸려 있다고 가정해보자. 그런데 한 사람은 기쁨을 선택하기로 마음먹고 가능성과 희망을 느끼며 자

신이 왜 기쁘고 감사해야 하는지에 집중한다. 그런데 또 한 사람은 질병과 고통과 "아 슬프도다"에 집중하기로 선택한다. _리사 니콜스

사람이 몸에서 잘못된 부분과 그 증상에 완전히 몰입하면 그 상황이 지속될 뿐이다. 관점을 병든 상태에서 건강한 상태로 옮기기 전에는 나아지지 않는다. 그것이 바로 끌어당김의 법칙이기 때문이다. _밥 도일

"명심하라. 불쾌한 생각을 한다는 것은 문자 그대로 몸에 나쁜 물질을 집어넣는 것과 같음을."

- 프렌티스 멀포드

행복한 생각은 근본적으로 행복한 생체화학으로 이어지고, 이는 행복하고 건강한 몸으로 이어진다. 부정적인 생각과 스트레스는 신체와 뇌 기능을 심각하게 떨어뜨린다는 점이 밝혀졌다. 우리 몸을 계속해서 만들고 다시 구성하고 재창조하는 것은 바로 우리의 생각이기 때문이다. _존 해길린 박사

당신이 지금까지 생각으로 몸에 어떤 증상을 끌어당겼든, 지금 바꿀 수 있다. 내면·외면 모두. 지금부터 행복한 생각을 하고 행복해져라. 행

복은 '느끼는 상태'다. 당신에게는 '행복 버튼'이 있다. 지금 버튼을 눌러 무슨 일이 일어나도 떼지 마라.

> 몸에서 생리적 스트레스를 제거하면 몸이 제 할 일을 알아서 한다. 즉 몸이 스스로 치유한다. _벤 존슨

기를 써서 병을 없애려 할 필요가 없다. 그저 부정적인 생각을 없애기만 하면 자연스러운 건강 상태가 나타날 것이다. 그리고 몸이 스스로 치유할 것이다.

> 나는 신장이 재생되는 사례도 봤다. 암이 낫는 경우도 봤다. 시력이 좋아지는 일도 봤다. _마이클 버나드 백위스

나는 '비밀'을 발견하기 약 3년 전부터 독서 안경을 썼다. 어느 날 밤 '비밀'을 수 세기 전까지 추적하던 중 내용을 잘 보려고 안경에 손을 뻗었다. 그때 나는 갑자기 손을 멈췄다. 내가 무슨 행동을 했는지가 머릿속에서 번개처럼 스쳐지나갔기 때문이었다.

나는 나이가 들면 시력이 나빠진다는 사회적 인식에 귀를 기울였다. 사람들이 뭔가를 읽기 위해 손을 뻗어 안경을 집어 드는 모습도 보았다.

나이가 들면 시력이 나빠진다는 생각을 받아들였고, 그래서 그 현상이 내게도 나타났다. 의도적으로 하지는 않았지만 여전히 '내가' 한 일이었다. 나는 생각으로 만들어낸 현상은 생각으로 바꿀 수 있음을 알았고, 따라서 스무 살이었을 때처럼 또렷하게 보이는 상황을 즉시 상상했다. 어두운 음식점에서, 비행기에서, 컴퓨터 앞에서 또렷하게 힘 들이지 않고 보이는 상황을 상상했다. 나는 계속해서 이렇게 말했다. "또렷이 보여. 또렷이 보여." 또렷이 보인다는 사실에 대한 감사함과 흥분을 느꼈다. 사흘이 지나자 시력이 회복되었고, 이제는 안경을 끼지 않는다. 또렷이 보이기에.

이 이야기를 「시크릿」에 나오는 출연자 벤 존슨 박사에게 했더니, 박사가 말했다. "사흘 만에 그렇게 되려면 눈에 어떤 일이 일어나야 하는지 알기나 해요?" 내가 대답했다. "아뇨, 다행히도 몰랐어요. 그런 생각은 하지 않았어요! 그냥 할 수 있다고, 빨리 할 수 있다고 믿었어요."(때로는 모르는 게 약이다!)

존슨 박사는 '불치병'을 자기 몸에서 쫓아낸 사람이었다. 나는 그 기적 같은 이야기에 비하면 시력이 회복되는 일쯤은 아무것도 아니라고 여겼다. 사실 나는 하룻밤이면 시력이 나아지리라 기대했기 때문에 사흘 정도는 기적도 아니라고 생각했다. 명심하라. 시간과 크기는 우주에 의미가 없다. 뾰루지나 질병이나 똑같다. 과정도 동일하다. 차이는 우리 마음에서 생긴다. 그러니 당신이 어떤 고통을 끌어당겼다면, 그것을 마음

속에서 뾰루지 크기로 줄여서 부정적인 생각을 없앤 다음, 완벽한 건강에 집중하라.

불치병이란 없다

 나는 늘 '불치병'이 '내면을 바꿔서 치유할 수 있는 병'이라고 이야기한다. _존 디마티니 박사

나는 불치병이란 없다고 믿는다. 과거에 소위 불치라던 병도 시간이 지나면서 치료가 되었다. 내 마음에서, 그리고 내가 만드는 세상에서 '불치'란 말은 존재하지 않는다. 내가 만든 세상에는 공간이 충분하니 당신도 와서 동참해도 좋다. 이곳은 '기적'이 날마다 일어나는 세상이다. 모든 좋은 것이 완벽하고 풍요롭게 흘러넘치는 세상이고, 그 모든 것은 당신 내면에 있다. 천국 같지 않은가? 사실 천국이다.

 당신은 자신을 바꿀 수도, 치유할 수도 있다. _마이클 버나드 백위스

 내 이야기는 1981년 3월 10일부터 시작된다. 이날 내 인생은 완전히

변했다. 그날을 결코 잊지 못할 것이다. 그날 나는 비행기 사고를 냈다. 그리고 깨어나 보니 완전히 마비된 채로 병원에 누워 있었다. 척추가 부서졌고, 첫 번째와 두 번째 경추가 부러졌고, 삼키기 반사 작용이 고장 나서 먹거나 마실 수도 없었으며, 횡격막이 손상되어 숨도 쉴 수 없었다. 할 수 있는 거라고는 눈을 깜빡이는 것뿐이었다. 물론 의사들은 내가 평생 식물인간으로 살아가야 한다고 말했다. 앞으로도 계속 눈만 깜빡이며 살아야 한다는 뜻이었다. 이것이, 의사들이 나를 보고 상상한 미래였다. 하지만 나는 의사들이 어떻게 생각하든 신경 쓰지 않았다. 중요한 건 내 생각이었다. 나는 다시 정상인이 되어 병원에서 걸어 나가는 모습을 상상했다.

병원에서 내가 사용할 수 있는 도구는 마음뿐이었지만, 마음만 있다면 무엇이든 원래대로 되돌릴 수 있다고 생각했다.

산소 호흡기를 착용한 나를 보고 사람들은 횡격막이 고장 났으니 호흡기의 도움 없이는 다시 숨 쉴 수 없다고 말했다. 하지만 내 안의 작은 목소리는 계속해서 "깊이 들이쉬어, 깊이"라고 말했다. 그리고 결국 나는 호흡기를 뗐다. 의사들은 설명할 말이 없어 어쩔 줄 몰랐다. 나는 크리스마스에 병원에서 걸어 나가겠다는 목표를 정했다. 그리고 실제로 그렇게 했다. 내 두 발로 걸어서 병원에서 나간 것이다. 의사들은 그 일을 믿지 못했고, 나는 그날을 결코 잊지 못한다.

지금 가만히 앉아서 자신을 상처 주는 사람들에게, 내 인생을 요약
해서 말하라면, 그리고 사람들이 무엇을 할 수 있는지 이야기해야
한다면, 나는 한 문장으로 말하겠다. "사람은 자신이 생각하는 대로
된다." _모리스 굿맨(저술가 겸 국제적 연사)

모리스 굿맨은 '기적의 사나이'로 알려져 있다. 모리스의 실화가 「시
크릿」에 선정된 것은 마음에 담긴 어마어마한 힘과 무한한 잠재력을 잘
보여주기 때문이었다. 모리스는 선택한 목표를 이룰 수 있는 잠재력이
자기 내면에 있음을 알았다. 무엇이든 가능하다. 모리스 굿맨의 이야기
는 수많은 사람에게 생각하고, 상상하고, 느낌으로써 건강을 되찾으라는
영감을 준다. 모리스는 인생 최대의 위기를 최대의 선물로 바꾸었다.

「시크릿」이 제작된 후, 우리는 사람들이 「시크릿」을 본 후 병이 나았
다는 온갖 기적적인 이야기를 접했다. 믿으면 무엇이든 가능하다.

마지막으로, 건강에 관한 벤 존슨 박사의 명쾌한 이야기로 이 장을 끝
맺으려 한다. "인류는 지금 에너지 의료 시대로 접어들고 있다. 우주만물
에는 고유한 주파수가 있어서, 무엇이든 주파수를 바꾸거나 반대 주파수
를 만들어내기만 하면 바뀐다. 질병이든 감정 문제든 그밖에 무엇이든,
바꾸려면 그렇게만 하면 된다. 이것은 대단한 일이다. 지금까지 인류에
게 일어난 그 어떤 사건보다 멋진 일이다."

Secret Summaries

- 플라시보 효과는 끌어당김의 법칙을 드러내는 한 가지 사례다. 환자가 정말로 약이 효과가 있다고 믿으면, 자신이 믿는 대로 효과가 나타난다.

- '완벽한 건강에 집중하기'는 외부 상황이 어떻든 간에 우리 모두가 생각으로 할 수 있는 일이다.

- 웃음은 기쁨을 끌어당기고, 부정성을 내쫓으며, 병을 기적적으로 치유한다.

- 질병은 병에 대한 생각과 관심과 관찰 때문에 몸에서 떠나지 않는다. 몸 상태가 별로 좋지 않다고 느끼면 거기에 대해 말하지 마라. 사람들이 자기 병에 대해 이야기할 때 거기에 귀를 기울이면 그 병이 더 나빠지게 만들 뿐이다. 차라리 좋은 것에 관해 대화하고, 그 사람이 건강해지는 모습을 강력하게 생각하라.

- 노화에 관한 믿음은 모두 우리 마음에서 비롯된다. 따라서 이런 생각들을 의식에서 모두 내쫓아라. 건강과 영원한 젊음에 집중하라.

- 질병과 노화에 관한 사회적 인식에 귀 기울이지 마라. 부정적인 인식은 당신에게 도움이 되지 않는다.

세상의 비밀

사람들은 자기가 원하는 것이나 상황이 눈에 띄면 "그래, 좋아. 마음에 들어"라고 말하면서 관심을 기울이는 경향이 있다. 하지만 마음에 들지 않는 것이 보이면, 마음에 드는 것보다 더 많이는 아니더라도 비슷한 관심을 기울인다. 그렇게 하면 그 싫은 것을 근절하거나, 제거하거나, 지워버릴 수 있다고 생각하면서. 우리 사회는 뭔가에 맞서 싸우기를 좋아한다. 암에 맞서 싸우고, 가난에 맞서 싸우고, 전쟁에 맞서 싸우고, 약물에 맞서 싸우고, 테러리즘에 맞서 싸우고, 폭력에 맞서 싸우려 한다. 무엇이든 원하지 않는 것에 맞서 싸우려 하지만, 사실 그러면 싸움만 더 빚어질 뿐이다. _리사 니콜스

우리는 집중하는 대상이 무엇이든 그것을 창조해내게 된다. 그러므

로 예를 들어 어떤 싸움이나 다툼이나 고통에 정말로 화를 내면, 거기에 에너지만 더해주는 셈이 된다. 우리는 자신을 채찍질하지만, 그러면 저항감만 일어날 뿐이다. _해일 도스킨(『세도나 기법 The Sedona Method』 저자)

"뭔가에 저항하면, 그것은 사라지지 않고 버틴다."

- 카를 융(1875-1961년)

뭔가에 저항하면 그것이 사라지지 않고 도리어 버티는 이유는, 어떤 것에 저항하면 "아냐, 나 이거 싫어. 이것 때문에 기분이 나쁘단 말이야. 바로 지금처럼"이라고 말하는 것이 되기 때문이다. 그러니까 "이런 느낌이 정말 싫어"라는 강력한 감정을 전송하는 셈이고, 따라서 그 감정이 당신에게 돌진해오게 된다. _밥 도일

뭔가에 저항하는 행위는 이미 수신된 외부 상황을 바꾸려고 애를 쓰는 것과 같다. 이는 헛된 노력이다. 당신은 내면으로 들어가 생각과 감정으로 새로운 신호를 전송하여 새로운 상황을 만들어야 한다.

일어난 일에 저항하면 원하지 않는 상황에 힘과 에너지를 더욱 더 불어넣어 더욱 더 엄청난 속도로 그런 상황을 불러들이게 된다. 그리하여 그 사건이나 상황이 더 나빠지기만 할 뿐이다. 그것이 우주의 법칙이기에.

반전 운동은 더 많은 전쟁을 야기한다. 마약 방지 운동은 실제로 마약이 많아지는 원인으로 작용했다. 원하지 않는 것(마약)에 집중하기 때문에. _잭 캔필드

 사람들은 어떤 것을 없애버리고 싶으면 거기에 집중해야 한다고 믿는다. 어떤 문제에 온 에너지를 기울이는 것과, 신뢰와 사랑에 집중하면서 풍요롭고 평화롭게 살고 배우려는 태도를 비교하면, 어떤 것이 더 합리적인가? _리사 니콜스

 테레사 수녀는 대단한 사람이었다. 그녀는 이렇게 말했다. "나는 반전 집회에 결코 참여하지 않을 것입니다. 평화 집회를 한다면 초대해주세요." 그녀는 알고 있었다. '비밀'을 이해했던 것이다. 그녀가 세상에 무엇을 일궈냈는지를 보라. _잭 캔필드

 당신이 전쟁에 반대한다면, 평화에 찬성하는 쪽으로 바꿔라. 굶주림에 반대한다면, 사람들이 먹을 게 충분해지는 데 찬성하는 쪽으로 옮겨라. 특정 정치가에 반대한다면, 그 정치가의 적에게 찬성하는 쪽으로 바꿔라. 선거 중에는 가끔 사람들이 정말로 반대하는 사람이 당선되는 경우가 있다. 그 사람이 모든 에너지와 초점의 중심에 서

기 때문이다. _해일 도스킨

세상 만물은 생각 하나에서 비롯되었다. 큰일이 더 커지는 것은 더 많은 사람이 거기에 생각을 보내기 때문이다. 그러면 그 생각과 감정 때문에 그 사건이 계속 존재하면서 더 커지게 된다. 생각을 전환해서 그 일을 잊어버리고 사랑에 집중한다면, 그 일은 존재하지 못할 것이다. 증발하여 사라질 것이다.

> "명심하라. 이것은 가장 파악하기 어려우면서도 멋진 문장
> 이다. 어떤 어려움이 닥치더라도, 어려움이 생기는 곳이
> 어디든지, 그 누가 영향을 받든지, 당신은 오직 자신만 바
> 로잡으면 된다. 당신이 바라는 소망이 실제로 존재한다는
> 것을 스스로 확신하기만 하면 된다."
>
> - 찰스 해널

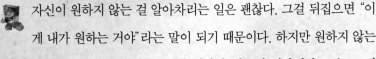 자신이 원하지 않는 걸 알아차리는 일은 괜찮다. 그걸 뒤집으면 "이 게 내가 원하는 거야"라는 말이 되기 때문이다. 하지만 원하지 않는 대상에 대해 이야기하고, 그게 얼마나 싫은지 이야기하고, 늘 그에 대해 읽고, 얼마나 끔찍한지 이야기한다면, 안 됐지만 그것이 더 많

이 생길 뿐이다. _잭 캔필드

부정적인 일들에 집중해서는 세상에 이로움을 줄 수 없다. 부정적인
사건에 초점을 맞추면 그런 사건이 더 일어나게 만들 뿐 아니라 동시에
당신의 삶에도 그런 사건이 더 많아진다.

뭔가 원하지 않는 상황이 벌어지면, 그것은 당신에게 '생각을 바꾸어
새로운 신호를 전송하라'는 단서다. 그것이 전 세계적인 상황이라고 해도
당신이 할 수 있는 일이 없지는 않다. 당신은 오히려 큰일을 할 수 있다.
모두가 기뻐하는 모습에 집중하라. 음식이 풍부하다는 생각에 집중하라.
원하는 일에 생각을 강력하게 집중하라. 지금 주변에서 무슨 일이 일어나
든지, 당신은 사랑과 행복을 발산함으로써 세상에 큰 도움을 줄 수 있다.

사람들이 내게 "저, 제임스. 내겐 정보가 필요해요"라고 말하는 경
우가 엄청나게 많다. 물론 정보야 필요하겠지만, 넘칠 정도의 정보
는 필요하지 않다. _제임스 레이

'비밀'을 알게 되었을 때 나는 신문이나 뉴스를 더 이상 보지 않겠다
고 결심했다. 그런 걸 보면 기분이 좋아지지 않기 때문이다. 뉴스나 신문
이 나쁜 소식을 전파한다고 그들을 비난해야 한다고 생각하지는 않는다.

세계 공동체로서 우리 모두 책임이 있기 때문이다. 커다란 사건이 표제에 뜨면 사람들은 신문을 더 많이 사 본다. 국제·국가적 재난이 발생할 때는 뉴스 시청률이 급상승한다. 이렇게 해서 신문과 뉴스는 우리에게 나쁜 소식을 더 많이 전달해준다. 하나의 사회로서 우리가 원하는 것이 바로 나쁜 소식이기 때문에. 언론의 행동이 결과라면 우리가 원인이다. 끌어당김의 법칙대로 되는 것이다.

뉴스와 신문은 우리가 새로운 신호를 전송하고 원하는 대상에 집중하면 지금까지와 다른 메시지를 전달하게 될 것이다.

차분해지는 법을 배우고, 원하지 않는 대상에서 관심을 차단하는 법과 그 대상과 관련된 감정에서 관심을 끊는 법을 터득하라. 그리고 경험하고 싶은 일에 주의를 기울여라. 에너지는 주의를 따라 흐른다. _마이클 버나드 백위스

"진실하게 생각하라. 그리하면 당신의 생각으로 세상의 기근이 해소되리라."

- 허레이쇼 보너(1808-1889년)

당신이라는 존재가 이 세상에 미치는 놀라운 영향력이 조금씩 이해

가 가는가? 좋은 일에 집중하면 기분이 좋아지고, 그러면 세상에 좋은 일이 더 많아지게 끌어당기는 셈이다. 동시에 자신의 삶에도 좋은 일이 더 많아진다. 기분이 좋을 때, 당신은 자신의 삶과 세상을 같이 끌어올리는 것이다!

법칙은 완벽하게 시행되고 있다.

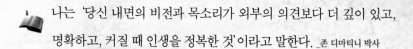

나는 '당신 내면의 비전과 목소리가 외부의 의견보다 더 깊이 있고, 명확하고, 커질 때 인생을 정복한 것'이라고 말한다. _존 디마티니 박사

세상이나 주변 사람을 바꾸는 건 당신의 책임이 아니다. 당신은 우주의 흐름에 따라가면서 세상 속에서 세상을 찬양하면 된다. _리사 니콜스

당신은 자기 인생의 주인이고, 우주가 당신의 모든 명령에 응답하고 있다. 눈에 보이는 현상이 어떻든지, 당신이 원한 것이 아니라면 거기에 현혹되지 마라. 책임을 지되, 가능하면 가볍게 받아들이고, 집착하지 마라. 그런 뒤 원하는 것을 생각하고, 느끼고, 이미 이루어졌다고 믿으며 감사하라.

우주는 풍요롭다

사람들이 내게 늘 묻는 질문은, 모두가 '비밀'을 사용하고 우주를 카 탈로그처럼 이용한다면 물질이 동이 나버리지 않겠느냐는 것이다. 다들 그렇게 하면 은행이 거덜나지 않겠냐는 것이다. _조 바이탤리 박사

'비밀'의 내용 중에서 멋진 점은 누구에게나 풍족하게 돌아갈 수 있 다는 부분이다.

사람들 마음에 바이러스처럼 기생하는 거짓이 있다. "세상 모두가 잘 살 수는 없어. 자원이나 물질에는 한계가 있어서 다 잘 산다는 건 불가능해." 이 거짓 때문에 사람들은 두려워하면서 탐욕스럽고 인 색하게 살아간다. 그러면 그 감정들이 그런 경험을 끌어당긴다. 이 렇게 세상은 악몽을 꾸는 약을 삼키게 되었다.

사실 모두가 잘 살 수 있다. 창조적 아이디어는 충분하고도 넘친다. 힘도 충분하다. 사랑 역시 그렇다. 기쁨도 그러하고. 이 모든 것은 마 음이 무한하다는 점을 인식하는 데서 비롯된다. _마이클 버나드 백위스

자원이 충분하지 않다는 생각은 외부 현상만 보고 만물이 외부에서 생 겨난다고 보기 때문이다. 그러면 필시 결핍과 한계가 보일 것이다. 이제

당신은 그 무엇도 외부에서 스스로 생겨나지 않고 모두 내면의 생각과 감정에서 비롯된다는 점을 알았다. 마음은 만물을 창조하는 힘이다. 그런데 어떻게 부족해지겠는가? 말이 안 되는 이야기다. 생각하는 힘이 무한하듯 생각으로 창조하는 힘도 무한하다. 이것은 누구에게나 마찬가지다. 이것을 '진실로' 이해할 때, 당신은 마음이 무한하다는 점을 인식하게 된다.

지상에 내려온 모든 위대한 스승은 삶이란 원래 풍요로워야 한다고 말했다. _제임스 레이

"이 법칙의 핵심은 당신이 반드시 풍요를 생각하고, 풍요를 그리고, 풍요를 느끼고, 풍요를 믿어야 한다는 것이다. 부족하다는 생각이 마음에 들어가지 못하게 하라."

- 로버트 콜리어

그런 까닭에 자원이 감소하고 있다고 생각하는 바로 그때 새로운 자원이 나타나 같은 기능을 할 수 있게 되는 것이다. _존 아사라프

벨리즈 석유 팀의 실화는 인간이 자원을 만들어내는 힘을 보여주는 감동적인 사례다. 벨리즈 천연에너지 회사의 이사진은 저명한 토니 퀸Tony

Quinn 박사에게 교육을 받았다. 퀸 박사는 인간 생리학을 가르치는 전문가다. 퀸 박사의 정신력 훈련으로, 이사진은 자신들이 벨리즈를 성공적인 석유 생산국으로 그리면 실제로 그렇게 되리라고 확신했다. 이들은 과감하게 수도 벨모판에서 약 50킬로미터 떨어진 스패니쉬 룩아웃 Spanish Lookout이라는 곳에서 석유 탐사를 실시했고, 1년이라는 단기간에 꿈과 비전을 실현했다. 벨리즈 천연에너지 회사는 다른 오십 여개 회사가 아무것도 발견하지 못한 그 땅에서 최상품 원유를 찾아냈다. 벨리즈는 마음의 무한한 힘을 믿은 사람들이 모여서 대단한 팀을 만든 덕분에 석유 생산국이 되었다.

그 무엇도, 자원이든 기타 무엇이든 한계란 없다. 오직 우리 마음속에서 한계가 생길 뿐이다. 마음을 열어 무한한 창조력을 받아들이면 풍요를 불러들이고, 전혀 새로운 세상을 보고 경험하게 되리라.

 우리는 어떤 것이 부족하다고 말하지만, 그건 우리가 눈을 떠서 주변의 모든 것을 보지 못하기 때문이다. _존 디마티니 박사

 가슴에서 우러나는 대로 자신이 원하는 바를 추구하며 살기 시작할 때, 사람들은 서로 똑같은 것을 추구하지 않는다. 바로 이것이 멋진 점이다. 모두가 BMW를 원하지는 않는다. 모두가 똑같은 연인을 원

하지도 않는다. 모두가 똑같은 경험을 원하지도 않는다. 똑같은 옷
을 원하지도 않는다. 다 말하자면 끝도 없을 것이다. _조 바이탤리 박사

당신은 이 영광스러운 세상에서 이 경이로운 힘으로 자신의 삶을 창조
할 수 있다! 당신이 자신을 위해 창조할 수 있는 것에 한계란 없다. 생각
하는 능력에는 한계가 없기에! 하지만 다른 사람을 대신해서 그의 인생
을 창조해줄 수는 없다. 타인을 대신해 생각해줄 수도 없다. 자신의 의견
을 타인에게 강요하려고 하면 그저 그와 비슷한 상황을 자신에게 끌어당
기게 될 뿐이다. 그러니 남들로 하여금 자신이 원하는 인생을 스스로 창
조하게 하라.

 모두가 풍요로워질 수 있다. 이를 믿고, 이를 그리고, 그에 따라 행
동한다면, 그렇게 될 것이다. 이것은 진실이다. _마이클 버나드 백위스

"당신에게 부족한 게 있거나, 당신이 가난하거나 병에 걸
렸다면, 자신의 힘을 이해하거나 믿지 못하기 때문이다.
우주가 주지 못하면 어쩌나 하고 걱정할 필요가 없다. 우
주는 만인에게 모든 것을 준다. 불공평이란 없다."

- 로버트 콜리어

우주는 끌어당김의 법칙으로 모든 사람에게 무엇이든지 준다. 당신은 자신이 원하는 경험을 선택할 수 있다. 당신과 모든 사람이 풍요로울 수 있게 되기를 바라는가? 그렇다면 그 길을 선택하고 이렇게 믿어라. "모두가 풍요롭게 살 수 있다." "공급에는 한계가 없다." "세상은 진정 장엄하다." 각 사람은 생각과 감정으로써 보이지 않는 무한한 공급원을 활용하고 원하는 것을 실현할 수 있다. 스스로 선택하라. 선택할 사람은 당신뿐이니.

기쁨, 사랑, 풍요, 성공, 행복 등 당신이 원하는 모든 것이, 당신이 와서 붙잡아주기를 기다리고 있다. 당신은 목표를 정해야 한다. 그리고 목표를 정해서 그 일에 대한 열망으로 불타오를 때, 당신이 원하던 모든 일을 우주가 이루어줄 것이다. 주위에서 아름답고 경이로운 것들을 인식하고 축복하고 찬양하라. 또 당신이 원하는 대로 돌아가지 않는 일들을 불평하거나 비난하느라 힘 빼지 마라. 원하는 것을 모두 감싸 안아 좋은 것을 더 많이 받아들여라. _리사 니콜스

"주위의 것들을 축복하고 찬양하라"는 리사의 현명한 말은 천금같이 귀하다. 삶의 모든 것을 축복하고 찬양하라! 축복하고 찬양할 때, 당신은 사랑이라는 가장 고차원적인 주파수대에 머무르게 된다. 성경에 보면 고

대 이스라엘 사람들이 축복으로 건강과 부와 행복을 불러들이는 사례가 많이 나온다. 이들은 축복의 힘을 알았다. 대다수 사람은 남들이 재채기를 할 때가 아니면 축복하지 않는데,* 이는 아주 유용한 힘을 묵혀두는 셈이다. 사전에 수록된 정의에 따르면 축복이란 "신의 호의를 요청하거나 행복이나 번영을 주는 행위"다. 지금부터 축복의 힘을 끌어내 모든 것과 모든 이를 축복하라. 찬양도 마찬가지다. 어떤 사람이나 일을 찬양하면 사랑을 보낸다는 뜻이고, 사랑이라는 고귀한 파장을 보내면 백배가 되어 되돌아오기 때문이다.

축복과 찬양은 모든 부정을 녹여버린다. 그러니 당신의 적을 축복하고 찬양하라. 적을 저주한다면, 저주가 당신에게 돌아와 해를 끼칠 것이다. 적을 찬양하고 축복한다면, 부정과 불화가 해소되고, 찬양과 축복에 담긴 사랑이 당신에게 되돌아올 것이다. 축복하고 찬양할 때, 당신은 새로운 주파수대로 이동하여 좋은 감정을 느끼게 되리라.

 과거의 지도자들은 대부분 '비밀'의 중대한 부분을 놓쳤다. 그것은 바로 남에게 힘을 주고 남들과 나누는 것이다.

지금은 역사상 가장 멋진 시기다. 손가락만 움직여서 지식을 얻을

---

*영어권 사람들은 누가 재채기를 하면 'bless you'('신의 축복이 있기를', '저런')라고 한다.

수 있는 시대는 이제껏 없었다. _데니스 웨이틀리 박사

'비밀'을 앎으로써 당신은 점점 더 많이 인식하고 있다. 세상과 자신에 관한 진실을. 더 좋은 세상을 만드는 비밀을 아는 데 내게 가장 큰 통찰력을 제시한 사람은 로버트 콜리어, 프렌티스 멀포드, 찰스 해널 그리고 마이클 버나드 백위스다. 이 비밀을 알고 나자 나는 완벽하게 자유로워졌다. 당신도 그런 자유를 만끽하게 되기를 진정으로 바란다. 그렇게 되면 생각의 힘으로 이 세상과 온 인류의 미래에 최고의 선물을 줄 수 있으리라.

Secret Summaries

- 어떤 대상을 받아들이지 않으려 하면, 그것을 더 끌어당기게 된다. 그 대상에 강력한 감정을 품고 집중하게 되기 때문이다. 뭔가를 바꾸려면 내면으로 들어가 생각과 감정으로 새로운 신호를 전송하라.

- 부정적인 일에 집중해서는 세상에 이로움을 줄 수 없다. 부정적인 사건에 집중하면 그런 사건이 더 많아지게 될 뿐 아니라 당신에게도 그런 사건이 많아진다.

- 세상의 문제에 집중하지 말고 신뢰, 사랑, 풍요, 교육, 평화에 힘을 모아라.

- 세상은 모두가 잘 살기에 부족함이 없으므로 자원이 부족해지면 어쩌나 하는 염려는 할 필요가 없다. 삶은 풍요로워야 한다.

- 당신은 생각과 감정으로 무한한 공급원을 활용하여 소원을 실현할 수 있다.

- 세상의 모든 것을 찬양하고 축복하면, 불화와 부정이 해소되고 가장 고차원적인 주파수인 사랑과 조화를 이루게 되리라.

$=\pi \Rightarrow \pi(\frac{1}{2}) = \sqrt{\pi}$

당신의 비밀

주변을 돌아보면, 심지어 우리 육체를 볼 때조차도, 눈에 보이는 것은 모두 빙산의 일각에 불과하다. _조 해길린 박사

잠시 생각해 보자. 당신 손을 쳐다보라. 고체처럼 보이지만, 사실은 아니다. 손을 현미경에 놓고 보면 거대한 에너지가 진동하는 모습이 보일 것이다. _밥 프록터

세상 만물은 정확히 동일한 구성 요소로 만들어져 있다. 당신 손이든, 바다든, 혹은 별이든. _존 아사라프

모든 것은 에너지다. 당신이 이를 이해하도록 조금만 도와주겠다.

우주가 있고, 우리 은하계가 있고, 우리 행성이 있고, 그리고 우리들 각각이 있고, 그런 뒤에 우리 몸이 있다. 몸 안에는 장기가 있고, 세포가 있고, 분자가 있고, 원자가 있다. 그런 뒤에는 에너지가 있다. 이렇게 생각해볼 차원은 무수히 많지만, 결국 우주 만물은 에너지다. _벤 존슨 박사

'비밀'을 발견했을 때, 나는 과학과 물리학계가 이를 어떻게 이해하는지 알고 싶었다. 내가 발견한 내용은 경이적이었다. 이 시대에 살면서 가장 흥미로운 점은 양자물리학과 새로운 과학에서 발견한 내용과 「시크릿」에 담긴 정보, 그리고 위대한 스승들이 모두 알았던 내용이 완벽하게 일치한다는 사실이다.

나는 학교에서 과학이나 물리학을 배운 적이 없지만, 양자물리에 관한 복잡한 이론을 읽으면서 완벽하게 이해할 수 있었다. 이해하고 싶은 마음이 있기 때문이었다. 양자물리학을 공부하자 '비밀'을 에너지 차원에서 더 깊이 이해하는 데 도움이 되었다. 사람들은 대부분 '비밀'과 새로운 과학 이론이 완벽히 연관되어 있음을 알고 나면 더 잘 믿게 된다.

어째서 당신이 우주에서 가장 강력한 송신탑이라고 하는지 살펴보자. 쉽게 말해서 모든 에너지는 특정 주파수로 진동한다. 당신 역시 에너지이므로 특정 주파수로 진동하는데, 어떤 시점에서 당신의 주파수를 결정

하는 것은 바로 생각과 감정이다. 당신이 원하는 것도 모두 에너지로 구성되어 있고 따라서 진동한다. 만물은 본질적으로 에너지다.

놀라운 사실을 알려주겠다. 자신이 원하는 것을 생각하고 그 주파수의 파장을 전송하면, 당신이 원하는 것에 담긴 에너지가 바로 그 주파수에서 진동하게 되고, 따라서 그것이 당신에게로 가게 된다! 원하는 것에 집중할 때, 당신은 그 안에 담긴 원자들의 진동을 바꾸고 그것이 진동으로 당신에게 오게 만드는 셈이다. 당신이 우주에서 가장 강력한 전송탑인 이유는 생각으로 에너지를 집중하여 집중한 대상의 진동을 바꾸고, 그리하여 그것을 당신에게 자석처럼 끌어당길 수 있기 때문이다.

원하는 좋은 것들을 생각하고 느낄 때, 당신은 즉시 그 주파수로 이동하게 되고, 그러면 그 좋은 것들의 에너지가 진동하여 당신에게 다가오게 되어 당신 삶에 나타난다. 끌어당김의 법칙이란 유사한 것들끼리 끌어당긴다는 뜻이다. 당신은 에너지 자석이고, 따라서 모든 것에 자기장이 생성되게 하며, 당신 스스로 자기장을 띠고 모든 것을 끌어당긴다. 인간은 자신의 자기 에너지를 스스로 관리한다. 그 누구도 남을 대신하여 생각하거나 느낄 수 없고, 주파수를 결정하는 것은 바로 자신의 생각과 느낌이기 때문이다.

거의 100년 전, 그러니까 최근 100년간 발견된 과학 지식의 도움 없이도 찰스 해낼은 우주가 어떻게 움직이는지 알았다.

"우주의 마음은 지능이 있는 존재일 뿐 아니라 원료이기도 하다. 이 원료는 끌어당김의 법칙에 따라 전자들을 끌어당겨 원자를 형성한다. 원자는 다시 똑같은 법칙에 따라 분자를 형성하고, 분자는 다시 눈에 보이는 형상을 만들어낸다. 따라서 우리는 끌어당김의 법칙이, 원자뿐 아니라 세상과 우주, 그리고 상상 가능한 모든 만물을 창조해내는 힘이라는 사실을 알게 된다."

- 찰스 해널

당신이 어떤 도시에서 살든지 당신의 몸 안에는 거의 일주일간 도시 전체를 훤히 밝힐 만한 에너지가 잠재되어 있다. _밥 프록터

"이 힘을 의식한다는 말은 '전기가 흐르는 전선'이 된다는 뜻이다. 우주는 전기가 흐르는 전선이다. 거기에는 모든 사람의 삶에서 일어나는 온갖 일을 처리할 힘이 있다. 사람의 마음이 우주의 마음에 닿으면, 그 모든 힘을 받게 된다."

- 찰스 해널

 사람들은 대부분 이 유한한 몸이 자신의 전부라고 여기지만, 우리는

몸이 아니다. 현미경으로 보기만 해도 우리는 에너지장이다. 에너지
에 관해 우리가 아는 내용을 보자. 양자물리학자에게 가서 "이 세상
을 창조한 주체가 뭔가?"라고 물으면 그 사람은 "에너지"라고 말할
것이다. 그럼, 에너지란 뭔가. "창조되거나 파괴되지 않고 늘 존재했
고, 이제까지 존재했던 모든 것이 곧 에너지다. 에너지는 늘 존재한
다. 물질 안으로 이동하고, 물질을 관통하며, 물질 밖으로 나온다."
당신이 아직도 '나는 움직이는 고깃덩어리'라고 여긴다면, 다시 생
각해보라. 당신은 영적인 존재다! 더 큰 에너지장에서 움직이는 에
너지장이다. _제임스 레이

당신이 영적인 존재라는 걸 어떻게 알 수 있을까? 내가 보기에 이 질문
의 대답은 이 책에서 가장 중요한 부분이다. 당신은 에너지고, 에너지는
창조되거나 파괴될 수 없다. 그저 형태를 바꿀 뿐이다. 그 바뀐 형태가 바
로 당신이라는 말이다! 당신의 진정한 본질, 순수한 에너지는 영원히 존
재했고 앞으로도 존재할 것이다. 당신은 사라질 수 없다.

저 깊은 곳에서는 당신도 이를 알고 있다. 자신이 존재하지 않는 상황
이 상상이 가는가? 이제까지 보고 경험한 모든 것을 생각할 때, 존재하지
않는 모습이 상상이 가는가? 상상할 수 없을 것이다. 불가능한 일이기에.
당신은 영원한 에너지다.

하나뿐인 우주의 마음

 양자물리학은 확증해준다. 양자우주론도 확증해준다. 우주가 본질적으로 생각에서 비롯되었고, 우리 주변의 물질은 모두 단지 생각이 고체로 변한 것이라는 점을. 결국 우리는 우주의 근원이고, 경험으로 자신의 힘을 직접 이해하면 자신의 권위를 행사하고 더욱 더 많이 성취할 수 있게 된다. 무엇이든 창조하라. 내면의 의식에서 모든 것을 알아내라. 우리 의식은 결국 우주를 돌아가게 하는 우주의 의식이다.

이 힘을 긍정적으로 활용하는지 부정적으로 활용하는지에 따라 신체의 건강이 달라지고 주변 환경이 달라진다. 따라서 우리는 자신의 운명뿐 아니라 궁극적으로 우주의 운명을 결정하는 창조자다. 우리는 우주의 창조자다. 그러므로 인간의 잠재력에는 진정 한계란 없다. 그 심오한 역학관계를 인식하고 이를 얼마나 활용하는가, 우리 힘을 얼마나 이용하는가 하는 점. 그것은 다시 우리 생각의 수준과 연관된다. _존 해길린 박사

몇몇 위대한 스승과 대가들은 해길린 박사가 말했듯 존재하는 모든 것이 사실은 우주의 마음이고, 우주의 마음이 존재하지 않는 곳은 없다고

했다. 우주의 마음은 무소부재하다. 완전한 지능과 지혜가 있고, 모든 것이면서 동시에 모든 곳에 존재한다. 만물이 곧 우주의 마음이고 그것이 모든 곳에 존재한다면, 당신 안에도 있다는 뜻이다!

이것이 무얼 뜻하는지 이해하도록 도와주겠다. 이것은 '가능성은 이미 충분하다'는 뜻이다. 모든 지식, 발견, 미래의 발명 등이 모조리 우주의 마음에 가능성으로 잠재되어 인간이 끄집어내길 기다리고 있다. 이제까지의 모든 창조와 발명이 우주의 마음에서 비롯되었다. 그걸 해낸 사람이 인식했든 아니든.

어떻게 하면 우주의 마음에서 가능성을 끌어낼까? 우주의 마음을 인식하고, 멋진 상상력을 활용하면 된다. 주변에 뭔가 부족해서 채워 넣어야 할 부분이 있나 돌아보라. '우리에게 이런 걸 해주는 발명품이 있었다면, 저런 걸 해주는 발명품이 있었다면' 하고 상상하라. 이렇게 뭔가 부족한 부분을 찾은 다음, 그것이 상상과 생각으로 생겨나게 하라. 발견이나 발명을 혼자 힘으로 해내려고 애쓸 필요가 없다. 그것은 이미 우주의 마음에 잠재되어 있다. 당신은 그저 최종 결과에 마음을 집중하고, 그것이 나타나는 상상을 한 다음, 실체로 나타나도록 불러내면 된다. 구하고, 느끼고, 믿으면, 받을 것이다. 당신이 활용하여 실현해주기를 기다리고 있는 아이디어가 무궁무진하다. 모든 것은 당신의 의식에 달려 있다.

"신의 마음만이 유일한 실체다."

- 찰스 필모어

우리는 모두 연결되어 있다. 다만 보이지 않을 뿐이다. '바깥'이나
'안' 따위는 사실 없다. 우주 만물은 연결되어 있다. 하나의 에너지
장으로. _존 아사라프

어떤 관점으로 보더라도 결과는 같다. 우리는 하나다. 모두 연결되어
있고, 하나의 에너지장 혹은 하나의 의식, 하나의 마음, 하나의 창조적 근
원의 일부분이다. 뭐라고 부르든 좋다. 우리는 모두 하나다.

이제 끌어당김의 법칙을 '만물이 하나'라는 관점으로 보면 이 법칙이
완벽하게 들어맞는다는 점을 이해할 것이다.

당신은 이제 다른 사람을 부정적으로 생각하면 왜 자신에게 해가 될
뿐인지를 이해하리라. 우리는 하나니까! 부정적인 생각과 감정을 발산하
여 '해로움'을 불러들이지 않는 한 해를 입지 않는다. 우리는 선택할 자
유의지가 있지만, 부정적인 생각을 하고 부정적인 감정을 느끼기 시작하
면 '하나의 마음'에서 분리된다. 존재하는 모든 부정적인 감정을 생각해
보면, 무엇 하나 두려움에서 비롯되지 않은 것이 없음을 알게 되리라. 이
감정들은 자신이 타인과 분리되어 있다고 생각하는 데서 생겨난다.

경쟁은 이런 분리의식을 보여주는 한 가지 예다. 우선 경쟁의식이 있을 때는 뭔가 부족하다는 생각을 했다는 뜻이다. 경쟁의식이란 공급에 한계가 있다는 생각의 반영이기 때문이다. 모두가 누릴 만큼 충분하지 않기에 서로 경쟁하고 다퉈야 한다고 믿는 것이다. 경쟁으로는 결코 이길 수 없다. 이긴다고 생각했을 때조차 그러하다. 끌어당김의 법칙에 따라, 경쟁을 생각하고 경쟁하면, 당신의 인생에 더 많은 사람과 상황이 나타나 당신과 경쟁하게 될 것이고 따라서 결국은 지게 되기 때문이다. 우리는 모두 하나다. 그러므로 경쟁한다는 말은 결국 자신과 경쟁한다는 뜻이다. 의식에서 경쟁을 내던지고 창조적인 사람이 되어라. 당신의 꿈과 비전에 집중하고, 경쟁은 잊어버려라.

우주는 만인의 공급원이고 만물을 공급해준다. 모든 것이 우주에서 나와서 끌어당김의 법칙에 따라 사람과 환경과 사건을 '거쳐서' 당신에게로 전달된다. 끌어당김의 법칙을 공급의 법칙이라고 생각하라. 당신은 그로써 무한한 공급원에 연결된다. 당신의 소망을 완벽한 주파수로 전송하면, 완벽한 사람과 환경과 사건이 당신에게 끌려와서 나타날 것이다.

누군가 당신이 바라는 것을 주었다고 해서 실제로 그 사람이 당신에게 준 것은 아니다. 이런 그릇된 믿음을 받아들이면 '결핍'을 경험하게 되리라. 외부 세상과 사람을 공급원이라고 본다는 뜻이기 때문이다. 진정한 공급원은 보이지 않는 차원에 있다. 우주라고 부르든, 지고의 의식이라고

부르든, 무한한 지능이라고 부르든, 기타 무엇이라고 부르든 무관하다. 뭔가 받을 때마다, 명심하라. 당신이 우주의 공급원과 조화를 이루었고, 자신이 받으려는 것과 같은 주파수에 있었기 때문에, 끌어당김의 법칙에 따라서 자신에게 온 것임을. 만물에 스며 있는 우주의 마음이 사람과 환경과 사건을 움직여 당신에게 가게 한 것임을. 그것이 법칙이기에.

우리는 이 몸 혹은 육체라는 것에 정신을 빼앗긴다. 그러면 영혼이 구속될 뿐이다. 영혼은 엄청나게 거대해서 방안을 가득 채우고도 남는다. 당신은 영원한 생명이다. 인간의 형상으로 화한 신이요, 완전한 존재다. _리사 니콜스

경전에 따르면 인간은 신의 형상에 따라 신과 같이 창조되었다고 할 수 있다. 우주가 자신을 의식하는 한 가지 방법이라고 할 수도 있다. 무한한 가능성의 장이라고도 할 수 있다. 모두 맞는 말이다. _마이클 버나드 백위스

"당신이라는 존재의 99퍼센트는 눈에 보이지 않고 만져지지도 않는다."

- 벅민스터 풀러(1895-1983년)

당신은 육체 안에 존재하는 신이다. 육신을 입은 영혼이다. 당신이라는 형상으로 모습을 드러낸 영원한 생명이다. 광활한 존재다. 완전한 힘이요, 완전한 지혜이고, 완전한 지능이며, 완전한 웅장함이다. 당신은 창조자로서, 당신이라는 창조물을 창조하고 있다.

모든 가르침은 당신이 창조적 근원의 형상을 따라 그와 같이 창조되었다고 이야기한다. 이는 당신에게 자신의 세상을 창조할 힘과 잠재력이 있다는 뜻이고, 실제로도 그렇다.

어쩌면 당신은 지금까지 자신에게 경이적이고 가치 있는 것들을 창조했을지도 모르고, 아닐지도 모른다. 당신이 고려해야 할 의문은 이것이다. "내가 살면서 경험하는 일들이 정말 내가 원하는 일인가? 그것들이 내게 가치가 있는가?" 대답이 '아니요'라면, 지금이 이를 바꿀 절호의 기회가 아니겠는가? 당신에게는 그렇게 할 힘이 있으니까. _제임스 레이

"모든 힘은 우리의 내면에서 나오고, 따라서 뜻대로 통제
할 수 있다."

- 로버트 콜리어

당신은 과거의 당신이 아니다

 자신이 희생자라고 생각하는 사람이 많은데, 이들은 지나간 사건을 가리키면서 "그것 때문에 자기가 이렇게 됐다"고 말하는 일이 흔하다. 이를테면 학대하는 부모 슬하나 문제 가정에서 자랐다는 사실 등을 지적한다. 대다수 심리학자는 85퍼센트의 가정에 문제가 있다고 말한다. 결국 그 사람은 그다지 유별나게 자란 게 아니라는 뜻이다. 우리 부모는 알코올 중독자였다. 아버지는 날 학대했다. 어머니는 내가 여섯 살에 아버지와 이혼했다. 그러니까 내 말은 누구나 이런 저런 문제가 있다는 말이다. 진정 중요한 문제는, 지금 뭘 하려고 하는가 하는 점이다. 지금 뭘 선택하는가 하는 점이다. 계속 과거에 집중하든 혹은 앞으로 원하는 일에 집중하든, 우리의 선택이기 때문이다. 자신이 원하는 일에 집중하기 시작할 때, 원치 않는 일은 저절로 멀어지고 원하는 일이 다가오기 마련이다. _잭 캔필드

"마음속으로 과거의 어두운 면을 바라보면서 불행하고 실망스러웠던 일을 계속 곱씹는 사람은 앞으로도 비슷한 불행과 실망이 찾아와달라고 기도하는 것이다. 앞날을 생각할 때 떠오르는 것이 '불운'뿐이라면, 그러한 불운이 오기

를 기도하는 것이고, 분명히 기도한 대로 되리라."

- 프렌티스 멀포드

과거를 돌아보며 지난날의 어려움에 집중하면, 지금 자신에게 어려움이 더 많이 찾아오게 될 뿐이다. 어떤 일이 있었던지 다 놓아버려라. 자신을 위해 놓아버려라. 지난 일에 대해 누군가를 탓하거나 앙심을 품으면 스스로 다칠 뿐이다. 당신에게 어울리는 삶을 창조할 이는 오직 당신 자신밖에 없다. 원하는 것에 의도적으로 집중하고 좋은 감정을 발산하면, 끌어당김의 법칙이 그에 응답할 것이다. 당신은 그저 시작하기만 하면 된다. 그러면 마법이 일어날 것이다.

그대는 당신 운명의 설계자다. 저자이며 이야기꾼이다. 펜은 당신 손에 있고, 결과는 당신의 마음에 달려 있다. _리사 니콜스

끌어당김의 법칙이 매력적인 것은 현재 있는 곳에서 시작할 수 있고, 이제부터 "제대로 된 생각"을 할 수 있으며, 내면에서 행복과 조화의 음색을 만들어낼 수 있기 때문이다. 끌어당김의 법칙은 그에 반응할 것이다. _마이클 버나드 백위스

이제 당신은 이전과는 다른 생각을 믿기 시작하게 되었다. 이를테면 당신은 "우주에는 모두가 잘 살기에 부족함이 전혀 없다" "난 늙지 않는다. 젊어진다"라고 믿게 됐다. 우리는 끌어당김의 법칙을 활용하여 원하는 대로 창조해낼 수 있다. _조 바이탤리 박사

 당신은 유전자, 문화적 규범, 사회적 인식에서 해방되어 당신 내면의 힘이 온 세상의 힘보다 강하다는 사실을 증명할 수 있다. _마이클 버나드 백위스

당신은 이렇게 생각할지도 모른다. "뭐 좋은 말이야. 그런데 난 못해." "우리 마누라가 그렇게 하게 내버려두지 않을 거야." "그 사람이 절대 가만 있지 않을 걸." "그럴 만한 돈이 없어." "난 그 정도로 강하지가 못해." "난 그 정도로 돈이 많지가 않아." "난 아니야, 아니야, 아니야."

이 모든 "아니야"와 "못해"도 그대로 창조된다! _프레드 앨런 울프

자신이 "난 아니야, 난 못해"와 같은 말을 할 때, 그 사실을 인식하고서 자신이 어떤 미래를 창조하고 있는지 생각해보는 것은 좋은 일이다. 울프 박사가 나누어준 통찰은 위대한 스승들이 '나는'이라는 표현에 담

긴 힘에 관해 언급한 말과 상통한다. '나는'이라고 말할 때, 그 뒤에 나오는 말은 강력한 힘으로 그것이 의미하는 상황을 창조한다. 당신이 '그렇다'라고 사실로서 선언하고 있기 때문이다. 분명하게 진술하고 있기 때문이다. 그래서 당신이 "나 피곤해", "나 빈털터리야", "나 아파", "나 늦었어", "난 뚱뚱해", "난 늙었어"라고 말하자마자, 지니가 대답한다. "분부 받들겠습니다."

이를 안다면, 가장 강력한 표현 '나는'을 당신에게 이롭게 활용하는 편이 좋지 않겠는가? 이를테면 "나는 모든 좋은 것을 받고 있어", "나는 행복해", "나는 풍요로워", "나는 건강해", "나는 사랑이야", "나는 늘 시간을 잘 맞춰", "나는 늘 젊어", "나는 매일 에너지가 넘쳐"는 어떤가.

『성공의 문을 여는 마스터키』에서 저자 찰스 해낼은 인간이 원하는 것은 무엇이든 이루어지게 해주는 자기 암시가 있고, 이 암시를 활용하면 모든 일이 조화롭게 된다고 주장한다. 그러고는 이렇게 덧붙인다. "그 까닭은 이 암시가 진리와 완벽하게 조화를 이루기 때문이고, 진리가 나타나면 거짓이나 불화는 반드시 사라질 수밖에 없기 때문이다."

찰스 해낼이 말하는 자기 암시는 이것이다. "나는 온전하고 완벽하고 튼튼하고 강하며 정다울 뿐 아니라 조화롭고 행복하다."

원하는 것을 보이지 않는 차원에서 보이는 차원으로 끌어낸다는 말이 어렵게 들린다면, 이 방법을 써보라. 원하는 것을 절대적인 '사실'이라고 생각하라. 이렇게 하면 번개처럼 소망이 이루어질 것이다. 당신이 요청하는 순간, 우주의 영적인 차원에서는 그 소망이 이미 '사실'로서 존재한다. 그리고 그 차원은 만물을 포용한다. 마음속에서 뭔가 생각해내면, 그것은 '사실'이고, 따라서 현실에 틀림없이 나타난다.

> "이 법칙으로 당신이 할 수 있는 일에는 한계가 없다. 과감하게 자신의 이상을 믿어라. 그것이 이미 이루어졌다고 생각하라."
>
> — 찰스 해널

헨리 포드가 자동차라는 비전을 실현하려고 했을 때, 주위 사람들은 그를 놀리면서 '그런 허황된 꿈을 꾸다니 미쳤군' 하고 생각했다. 포드는 자신을 조롱한 사람들보다 훨씬 많이 알았다. '비밀'을 알았고, 우주의 법칙을 알았다.

> "자신이 할 수 있다고 생각하든 할 수 없다고 생각하든, 당신이 옳다."
>
> — 헨리 포드(1863-1947년)

당신은 '할 수 있다'고 생각하는가? 이 지식이 있으면 원하는 건 무엇이든 이루고 해낼 수 있다. 지금까지는 자신이 얼마나 눈부신 존재인지 몰랐을지도 모른다. 하지만 이제 당신은 생각으로써 발명품이든, 영감이든, 문제의 해답이든, 원하는 것은 무엇이든 끌어당길 수 있다. 무엇이든 할 수 있다. 당신은 표현할 수 없을 정도의 천재이다. 그러니 자신에게 그렇게 말하고, 자신이 진정 누구인지 알라.

여기에 무슨 한계가 있을까? 전혀 없다. 우리는 무한한 존재다. 우리에게 한계란 없다. 지상에 존재하는 모든 개인의 내면에 깃들인 능력과 재능과 소질과 힘은 무한하다. _마이클 버나드 백위스

자신의 생각을 인식하라

당신의 힘은 힘을 인식하고 그것을 잊어버리지 않는 데서 발생된다.

마음은 그냥 내버려두면 폭주하는 증기기관차가 된다. 지난날의 나쁜 사건을 미래에 투영하면서 과거의 생각 속으로 당신을 끌고 갔다가 다시 미래로 끌고 갈지도 모른다. 이런 통제 불능의 생각 역시 끌어당김의 법칙에 따라 결과를 만들어낸다. 의식이 깨인 상태에서는 현재에 몰입하면

서 자신이 무슨 생각을 하는지 안다. 자신의 생각을 통제할 수 있다. 힘은 바로 여기서 나온다.

그렇다면 어떻게 해야 의식이 더 깨어나게 될까? 한 가지 방법은 잠시 멈춰 이렇게 자문하는 것이다. "내가 지금 무슨 생각을 하고 있지? 뭘 느끼고 있지?" 묻는 순간 당신은 깨어나게 된다. 마음을 현재 시점으로 되돌려놓았기 때문이다.

이것이 생각날 때마다 '현재'를 의식하라. 하루에 백번이라도 하라. 명심하라. 힘은 그 힘을 의식하는 데서 비롯된다. 마이클 버나드 백위스는 "기억해야 함을 기억하라!"라는 말로 이를 정리했다. 이 문구는 내 인생의 주제가가 되었다.

좀 더 깨어 있기 위해, 나는 기억해야 함을 기억하기로 했다. 그리고는 내 마음이 다른 곳에 가 있을 때마다 내가 현재로 되돌아오도록 '부드럽게' 알려달라고 우주에게 요청했다. 그 '부드러운 알림이'로는, 어딘가에 부딪히게 되거나 뭔가 떨어뜨리거나 시끄러운 잡음이나 사이렌 소리나 알람 소리가 들리는 따위가 있다. 이런 모든 일이 내게는, '마음이 딴 데 가 있으니 되찾아오라'는 신호다. 이런 신호를 받을 때마다 나는 즉시 하던 일을 멈추고 이렇게 자문한다. "내가 무슨 생각을 하고 있지? 뭘 느끼고 있지? 깨어 있는 건가?" 그리고 물론 내가 이렇게 자문하는 순간 나는 깨어 있다. 자신에게 깨어 있느냐고 묻는 바로 그 순간, 당

신은 깨어 있다.

"힘을 얻는 진정한 비결은 힘을 의식하는 것이다."

- 찰스 해낼

'비밀'의 힘을 인식하고 이 힘을 활용하면 모든 의문의 답을 얻을 수 있다. 끌어당김의 법칙을 깊이 이해하게 되면서 의문 던지기를 습관으로 만들 수 있는데, 그렇게 하면 의문 하나하나의 답을 얻게 될 것이다. 이 책을 바로 그 목적으로 활용해 보는 것도 좋다. 삶의 어떤 일에 관한 답이나 지침을 얻고 싶다면, 의문을 던지고서 답을 얻을 거라고 믿어라. 그러고는 이 책을 집어 들고 아무 곳이나 펼쳐 봐라. 바로 그 페이지에 당신이 찾는 답과 지침이 나와 있을 것이다.

사실 우주는 당신이 살아오는 동안 내내 당신의 의문에 대답했지만, 깨어 있지 않으면 답을 받지 못한다. 주변의 모든 일에 주의를 기울여라. 하루 중 언제 당신이 원하는 답이 찾아올지 모른다. 답이 찾아오는 통로는 엄청나게 방대하다. 눈길이 가는 신문 표제가 될 수도 있고, 누군가 서로 대화하는 내용이 될 수도 있고, 라디오에서 흘러나오는 노래가 될 수도 있고, 지나가는 차에 붙은 신호나 갑작스러운 영감이 될 수도 있다. 기억해야 함을 기억하라! 그리고 깨어 있어라!

나 자신이나 다른 사람의 삶을 돌아보니, 나는 우리가 자신을 좋게 생각하거나 자신을 온전히 사랑하지 않는다는 사실을 알게 되었다. 자신을 사랑하지 않으면 원하는 것이 우리에게 오지 못하게 막는 셈이다. 자신을 사랑하지 않으면, 문자 그대로 원하는 것이 오지 못하게 떠미는 형상이 된다.

무엇이든 우리가 원하는 것은 사랑과 관련된다. 젊음, 돈, 완벽한 연인, 직업, 신체를 누림으로써 '사랑'을 느끼려고 한다는 말이다. 사랑하는 것을 끌어당기려면, 반드시 사랑을 전송해야 한다. 그러면 그것이 즉시 나타날 것이다.

한 가지 문제는, 사랑이라는 가장 높은 주파수를 전송하려면 자신을 사랑해야 하는데, 그러기가 쉽지 않다는 점이다. 지금 보이는 것과 외부 세상에 집중하면, 스스로 걸려 넘어질지 모른다. 지금 보이고 느끼는 것은 과거에 한 생각의 결과이기 때문이다. 자신을 사랑하지 않는다면, 지금 눈에 보이는 당신이라는 사람은 스스로 들춰낸 결점으로 가득하게 되기가 쉽다.

자신을 온전히 사랑하려면 반드시 당신의 새로운 측면에 초점을 맞춰야 한다. 당신 내면에 깃들인 존재에 초점을 맞춰야 한다. 잠시 시간을 내서 조용히 앉아 보라. 집중하여 내면에 깃들인 생명을 느껴 보라. 내면의 존재에 집중하면, 그 존재가 자신을 드러낼 것이다. 그 존재는 바로 당신

의 완전한 모습이다. 당신의 참 모습이다. 그 존재에 집중하고 그 존재를 느끼고 사랑하고 찬양하면, 어쩌면 평생 처음으로 자신을 온전히 사랑하게 될 것이다.

자신을 비판적으로 바라볼 때마다 즉시 내면의 존재로 초점을 바꿔라. 그러면 그 존재의 완전함이 저절로 드러날 것이다. 그럴 때 삶에 나타났던 모든 결함이 녹아 사라질 것이다. 결함이란 이 존재 앞에서 살아남을 수 없기 때문이다. 시력을 회복하고 싶든, 병이 나아서 건강해지고 싶든, 가난을 부로 바꾸고 싶든, 노화와 퇴화를 없애고 부정적인 것을 없애고 싶든, 내면의 존재에 집중하고 그 존재를 사랑하면 완전함이 드러나리라.

> "'내'가 완전하고 완벽하다는 것은 절대적인 진리다. 참
> '나'는 영혼이고 따라서 완전하지 않을 수 없다. 참 나에
> 는 결함이나 한계나 질병 따위는 없다."
>
> - 찰스 해낼

Secret Summaries

- 모든 것은 본질적으로 에너지다. 당신은 에너지 자석이므로, 모든 것에 자기장을 형성하여 자신에게 끌어당기고 당신 스스로 자기장을 띠고 그것을 향해 움직인다.

- 우리는 영적인 존재다. 우리는 에너지요, 에너지는 생성되거나 파괴되지 않는다. 단지 형태만 바꿀 뿐이다. 따라서 우리의 순수한 본질은 늘 존재했고, 앞으로도 존재할 것이다.

- 우주는 생각에서 비롯된다. 우리는 자신의 운명뿐 아니라 우주의 운명을 만드는 창조자다.

- 당신에게는 무한한 아이디어 공급원이 있다. 모든 지식과 발견과 발명이 하나의 가능성으로 우주의 마음에 존재하면서 인간이 와서 찾아내기를 기다리고 있다. 모든 것은 우리의 의식 안에 깃들어 있다.

- 우리는 모두 연결되어 있고, 모두 하나다.

- 지난날 있었던 어려운 일과, 문화적 규범과 사회적 인식을 놓아버려라. 자신에게 어울리는 삶을 창조할 수 있는 이는 자신뿐이다.

- 소망을 이루는 쉬운 방법은 자신이 원하는 바가 절대적인 사실이라고 믿는 것이다.

- 우리의 힘은 생각에서 비롯되므로 당신은 깨어 있어야 한다. 바꿔 말하자면, "기억해야 함을 기억하라."

$t^{2i}\,dt = [-e^{-t}?]_0^\infty - \int_0^\infty (?-1)\, ? \, dt \cdots$

$= -t\left(\tfrac{t}{2}\right)^{-\frac{2}{2}}\tfrac{1}{2}(\tfrac{1}{2}t)^{-1/2}\,dt = \tfrac{1}{2}\,z^{-(z+1/2)}\int_0^\infty e^{-t}t^{-1/2}\,dt = \tfrac{1}{2}\,z^{-(z+1/2)}\,\Gamma\!\left(\tfrac{z+1}{2}\right)$

$\overline{\tfrac{\pi}{z}}\;\Big/\quad I_1(z) = \tfrac{1}{2z}, \quad I_2(z) = \tfrac{1}{2}\sqrt{\tfrac{\pi}{z^3}}, \quad I_3(z) = \tfrac{1}{z^4}, \quad I_4(z) = \tfrac{3}{8}\sqrt{\tfrac{\pi}{z^5}}$

$|z|_n\quad n = 0,2,4,\ldots$

인생의 비밀

신이 당신 인생의 사명과 목적을 기록한 칠판 같은 건 하늘에 없다. "닐 도널드 월쉬. 20세기 전반에 살았던 잘생긴 남자로……"라고 기록된 뒤, 나머지는 비어 있는 칠판은 없다. 내가 여기서 뭘 해야 하는지, 왜 여기에 왔는지 정말로 이해하려면 그 칠판을 찾아서 신이 내게 뭘 원하는지 알아내야 하는 그런 게 아니다. 그런 칠판은 존재하지 않는다.

당신의 목적은 당신이 정하는 것이다. 당신의 사명은 당신이 스스로 제시하는 것이다. 당신 인생은 당신이 창조하는 대로 펼쳐질 테고, 누구도 그것을 심판할 수 없다. 지금도, 앞으로도. _닐 도널드 월쉬
(저술가)

당신은 무엇이든 자신이 원하는 내용으로 인생이라는 칠판을 채워나가야 한다. 칠판을 지난날의 짐으로 채워 넣었다면, 깨끗이 지워라. 자신에게 이롭지 않은 과거의 일은 모두 지워라. 그 덕분에 현재의 자리에 오게 되었음에 감사하고, 새롭게 시작할 수 있음에 감사하라. 과거는 잊어버리고 새로 시작할 수 있다. 바로 지금, 바로 이곳에서. 기쁨을 주는 일을 찾고, 그리로 나아가라!

 내가 여기까지 오는 데는 오랜 시간이 걸렸다. 내가 세상에서 해야만 하는 일이 있고 그걸 하지 않으면 신께서 기뻐하지 않는다는 생각을 주입받으면서 자랐기 때문이다.

가장 중요한 목표가 기쁨을 느끼고 경험하는 것이라는 점을 정말로 이해하고 나서, 나는 오직 내게 기쁨을 주는 일만 하기 시작했다. 내 좌우명은 이것이다. "재미가 없으면 하지 마라!"_잭 캔필드

 기쁨, 사랑, 자유, 행복, 웃음 ― 바로 그것이다. 당신이 앉아서 한 시간 동안 명상하면서 기쁨을 느낀다면, 그렇게 하라. 살라미 샌드위치를 먹으면서 기쁨을 느낀다면, 그렇게 하라!_닐 도널드 월쉬

 나는 고양이를 쓰다듬을 때 기쁨을 느낀다. 자연 속에서 걸을 때도

기쁨을 느낀다. 그래서 늘 그런 상태에 있고 싶고, 실제로 그렇게 하려면 단지 내가 바라는 것을 뜻하기만 하면 된다. _잭 캔필드

자신이 사랑하고 자신에게 기쁨을 주는 일을 하라. 언제 기쁨을 느끼는지 모르겠다면, 이렇게 자문하라. "내가 좋아하는 게 뭐지?" 이 질문의 답을 찾고 거기에 몰입하여 기쁨을 느낄 때, 끌어당김의 법칙에 따라 기쁨을 주는 일과 사람과 환경과 사건과 기회가 쏟아져 들어올 것이다. 기쁨을 전송하고 있기에.

 그러므로 내면의 행복이 진정한 성공의 연료다. _존 해길린 박사

'지금' 행복을 느껴라. '지금' 기쁨을 느껴라. 그것만 하면 된다. 이 책을 읽으면서 오직 기쁨과 행복만 얻는다면, 이 책의 핵심을 받아들인 셈이다.

 무엇이든 기분이 좋아지는 일은 그와 같은 일이 더 많이 생기게 하기 마련이다.
당신은 지금 이 책을 읽고 있다. 이 책을 자신에게 끌어당긴 사람은 당신이고, 책이 마음에 들어서 이 내용을 받아들여 활용하기로 결정

하는 주체도 당신이다. 책이 마음에 들지 않는다면, 잊어버려라. 기분이 좋아지는 다른 걸, 자신의 가슴을 울리는 뭔가를 찾아라. _존 그레이 박사

이 책에 담긴 지식이 지금 당신에게 전달되고 있지만, 이를 어떻게 활용하는가는 전적으로 당신 몫이다. 자신을 위해 무엇을 선택하든 좋다. 그것을 활용하기로 하든지 하지 않기로 하든지, 그것은 당신의 선택에 달렸다. 우리에게는 선택할 자유가 있다.

> "더 없는 기쁨을 느끼는 일을 하라. 장벽뿐이던 곳에 우주
> 가 문을 만들어주리라."
>
> - 조지프 캠벨

 더 없는 기쁨을 주는 일을 할 때, 계속해서 기쁨을 느끼게 된다. 우주의 풍성함에 자신을 열어젖히게 된다. 들뜬 마음으로 사랑하는 사람들과 삶을 나누려 하고, 자신의 흥분과 열정과 기쁨이 다른 이에게도 퍼져나간다. _리사 니콜스

 나를 들뜨게 하고, 열정이 샘솟는 일을 하는 것. 나는 거의 대부분,

하루 종일 이런 일에 몰두한다. _조 바이탤리 박사

삶을 즐겨라. 삶이란 경이적이지 않은가! 멋진 여행이 아닌가! _밥 프록터

당신은 남들과 다른 현실을, 인생을 살아가리라. 그러면 주변 사람들이 당신을 보고 말할 것이다. "나랑 다른 점이 도대체 뭐죠?" 유일하게 다른 점은 당신이 '비밀'을 활용한다는 사실이다. _마리 다이아몬드

당신은 사람들이 불가능하다고 말했던 일을 해내고, 불가능하다 했던 것을 얻고, 불가능하다 했던 사람이 될 수 있다. _모리스 굿맨

우리는 진정으로 새로운 시대로 접어들고 있다. 「스타트렉」에 나오듯 마지막 미개척지는 우주가 아니라 '마음'이 될 것이다. _프레드 앨런 울프 박사

내 눈에는 무한한 잠재력과 무한한 가능성이 있는 미래가 보인다. 인간이 잠재력의 고작 5퍼센트밖에 활용하지 않고 있다는 점을 명심하라. 잠재력의 100퍼센트를 끌어내려면 제대로 교육해야 할 것이다. 사람이 마음과 감정의 잠재력을 모두 활용하는 세상을 상상하

라. 그곳에서는 어디든 갈 수 있다. 무엇이든 할 수 있다. 무엇이든 이룰 수 있다. _존 해길린 박사

지금은 이 멋진 지구에서 역사상 가장 흥미진진한 시기다. 우리는 모든 분야에서 불가능이 가능으로 바뀌는 모습을 보고 경험하게 될 것이다. 우리를 한계에 가두는 생각을 모조리 버리고 자신에게 한계가 없음을 알면, 인간의 웅대함을 경험하게 될 것이다. 운동과 건강과 예술과 기술과 과학, 그리고 모든 창조적인 분야에서.

자신의 웅대함을 받아들여라

자신이 바라는 좋은 것이 이루어진 모습을 그려라. 이것은 모든 종교 서적과 훌륭한 철학 서적에 기록된, 모든 위대한 지도자와 선구자들이 한 말이다. 과거를 살펴서 현명한 이들을 연구하라. 그 가운데 여러 사람이 이 책에 언급되었다. 그들은 모두 한 가지 사실을 이해했다. '비밀'을 알았던 것이다. 이제 당신도 이해하고 있다. 비밀은 활용할수록 더 많이 이해될 것이다. _밥 프록터

'비밀'은 '당신' 안에 있다. 내면의 힘을 활용하면 할수록, 그 힘이 가까이 다가올 것이다. 더 이상 연습하지 않아도 되는 시점에 도달할 것이다. 자신이 곧 힘이 되고, 완전해지고, 지혜가 되고, 사랑이 되며, 기쁨이 될 터이기에.

 당신은 지금 중대한 시기를 맞이했다. 내면에서 뭔가가 계속 "넌 행복할 자격이 있어"라고 말하기 때문이다. 우리는 뭔가를 세상에 더하고, 세상을 더 가치 있게 만들려고 태어났다. 어제보다 더 크고 나은 존재가 되기 위해.

경험한 모든 일, 지나간 모든 순간은 바로 '지금'을 위한 준비였다. 지금 당신이 아는 지식으로 오늘부터 무엇을 할 수 있을지 상상해보라. 이제 당신은 자신이 운명을 만드는 창조자임을 알았다. 그러면 이제 얼마나 더 많이 해낼 수 있을까? 얼마나 더 나은 존재가 될 수 있을까? 그저 존재하는 것만으로 얼마나 많은 사람을 축복해줄 수 있을까? 이 순간 무엇을 할 것인가? 어떻게 현재에 몰입할 것인가? 어느 누구도 남을 대신해 춤을 추고 노래하고 남의 이야기를 기록할 수 없다. 당신이 누구이고 무엇을 하는가, 그것은 이제부터 시작이다!_리사 니콜스

나는 당신이 훌륭하다고, 당신에게는 뭔가 대단한 것이 있다고 믿는다. 과거에 무슨 일이 있었든 상관없다. 스스로 얼마나 젊거나 늙었다고 생각하든 상관없다. '바르게 생각하기' 시작하는 순간, 내면의 뭔가가, 내면에 깃들인 이 '세상보다 큰 힘'이 드러나기 시작하리라. 그리고 당신의 인생을 차지하리라. 당신을 먹이고, 입히고, 안내하고, 보호하고, 지휘하며, 살릴 것이다. 당신이 허락한다면. 이제 나는 이것을 분명히 안다. _마이클 버나드 백위스

지구는 당신을 위해 공전한다. 바다는 당신을 위해 밀려오고 밀려간다. 새는 당신을 위해 노래한다. 해는 당신을 위해 뜨고 진다. 별은 당신을 위해 뜬다. 모든 아름다운 것과 경이로운 경험은 당신을 위해 존재한다. 주변을 잘 돌아보라. 그 무엇도 당신 없이 존재할 수 없다. 지금까지 자신을 어떤 존재라고 생각했든, 이제 당신은 자신이 진정 누구인지 안다. 당신은 우주의 주인이다. 왕국을 물려받을 후손이다. 생명의 화신이다. 그리고 이제 '비밀'을 알게 되었다. 기쁨이 함께하기를!

"그 비밀은 지금까지 존재했고 지금도 존재하며 앞으로도 존재할 모든 문제의 해답이다."

- 랄프 왈도 에머슨

Secret Summaries

- 원하는 게 무엇이든 그것을 인생이라는 칠판에 써 넣어라.

- 당신은 단지 '행복을 느끼면' 된다.

- 내면의 힘을 활용하면 할수록 더 큰 힘을 끌어당기게 될 것이다.

- 자신의 웅대함을 받아들일 순간은 바로 지금이다.

- 우리는 멋진 시대를 살아가고 있다. 사람을 한계에 가두는 생각을 버리면, 인간의 참된 웅대함을 모든 창조적인 분야에서 경험하게 될 것이다.

- 사랑하는 일을 하라. 무엇을 해야 기쁨이 느껴지는지 모르겠다면, "내가 좋아하는 게 뭐지?"라고 자문하라. 기뻐하는 일에 몰입하면 기쁨을 발산하게 되고 따라서 그러한 일이 쏟아져 들어올 것이다.

- 이제 '비밀'에 담긴 지식을 배웠으니, 이로써 무엇을 할지는 당신의 몫이다. 무엇을 선택하든 좋다. 힘은 당신의 것이다.

인물 소개

잭 캔필드 Jack Canfield

『성공 원리 *The Sucess Principles™*』의 저자이자 뉴욕타임스의 경이적인 베스트셀러로 1억 부 이상 인쇄한 『영혼을 위한 닭고기 수프』 시리즈의 공동저자. 잭 캔필드는 기업가, 기업 지도자, 관리자, 판매자, 직원, 교육자들에게 성공의 돌파구를 찾아내도록 이끌어주는 전문가로, 수십만 명이 꿈을 이루도록 도와주었다. 자세한 정보는 www.jackcanfield.com으로 접속해보자.

마이클 버나드 백위스 Micheal Bernard Beckwith

1986년 종교적 진보주의자였던 백위스 박사는 '아가페 국제 영혼 센터'를 설립했다. 현재 센터 회원이 인근 지역만 1만 명에 이르고 세계적으로는 수십만의 동맹과 친구가 생겼다. 백위스 박사는 달라이 라마, 모한다스 간디의 손자 아룬 간디,

스리랑카의 대표적 농촌봉사운동 단체 사르보다야의 설립자 A. T. 아리야라트네Ariyaratne와 같은 영적 인사들과 함께 국제 패널에서 활동하고 있다. '세계 신사상을 위한 모임' 공동 설립자이기도 하다. 연례 모임에서는 과학자와 경제학자와 예술가와 영적 지도자들이 모여 인류가 잠재력을 최대한 발휘하도록 이끌기 위해 노력하고 있다.

백위스 박사는 명상과 과학적 기도 방법을 가르치고, 명상 캠프를 열며, 세미나와 회담에서 강연을 한다. '인생 설계 프로세스'의 아이디어를 낸 사람이고, 『가슴에서 우러난 영감Inspirations of the Heart』, 『40일간의 마음 단식 영혼 잔치40 Day Mind Fast Soul Feast』, 『평화 선언A Manifesto of Peace』을 쓴 저자이다. 자세한 내용은 www.Agapelive.com으로 접속해서 알아보자.

제너비브 베런드Genevieve Behrend(1881년경~1960년경)

제너비브 베런드는 영적 형이상학의 초기 교사이자 『마음의 과학Mental Science』의 저자인 토머스 트로워드Thomas Troward 판사와 함께 연구했다. 토머스 트로워드는 베런드를 유일한 제자로 선택했고, 베런드는 35년간 북미에서 '마음의 과학'을 가르치고 강연하고 실천하면서, 유명한 책 『보이지 않는 힘Your Invisible Power』과 『가슴이 원하는 바를 성취하라Attaining Your Heart's Desire』를 집필했다.

리 브라워Lee Brower

리 브라워는 '임파워드 웰스Empowered Wealth' 설립자이자 CEO다. 리 브라워는 인생에서 중요한 부분을 넷으로 구분하여 '핵심 자산', '경험 자산', '사회 공헌 자산', '경제적 자산'으로 나누었다. '임파워드 웰스'는 이를 바탕으로 기업체, 재단, 가족, 개인에게 시스템과 해결책을 제시하는 국제 자문 회사다. 리 브라워는 또 이 네 가지와 관련한 자문단으로 구성된 국제 조직을 인가하고 교육하는 전문 기업(Quadrant Living Experience, LLC)의 설립자이기도 하다. 『부의 증진과 보존 Wealth Enhancement and Preservation』을 공동 집필했고, 『브라워 쿼드런트The Brower Quadrant』의 저자다. www.empoweredwealth.com과 www.quadrantliving.com을 방문해보자.

존 아사라프John Assaraf

한때 거리의 아이였던 존 아사라프는 이제 세계적인 베스트셀러 저자에 강연자이자 기업 컨설턴트로, 기업가들을 돕는 데 몸담고 있다. 존은 지난 25년간 두뇌·양자물리학·사업 전략을 연구하는 데 바쳤다. 그것들이 인생과 사업에서 성공하는 데 관련이 있다고 여겼기 때문이었다. 자신이 배운 바를 적용하여 무일푼에서 수백만 달러짜리 회사를 네 곳 설립했고, 지금은 독특한 사업을 설립하고 돈을

버는 아이디어를 기업가와 소규모 사업주들에게 알리고 있다. 더 자세한 내용은 www.onecoach.com으로 접속해서 살펴보자.

로버트 콜리어Robert Collier(1885~1950년)

로버트 콜리어는 여러 작품을 써서 크게 성공한 미국 작가다. 『고대의 비밀The Secret of the Ages』, 『당신도 부자가 될 수 있다Riches within Your Reach』를 비롯한 그의 저서는 모두 형이상학에 관한 광범위한 연구와, 성공·행복·풍요란 누구나 쉽게 접할 수 있는 것이라는 믿음을 근본으로 하는 책이다. 『시크릿』에 기록된 인용문은 일곱 권으로 나왔던 저서 『고대의 비밀』에서 발췌한 내용이다.

존 디마티니 박사Dr. John F. Demartini

한때 학습 장애 판정을 받은 존 디마티니는 이제 박사이자 철학자에 저자이며 국제적 연사가 되었다. 수년간 카이로프랙틱 클리닉(척추 교정 요법원)을 성공적으로 경영했고, 한때 '올해 선정된 카이로프랙터'로 뽑히기도 했다. 지금은 건강 전문가로서 치유와 철학에 관한 글을 쓰고 강연을 한다. 박사의 인간 개선 방법은 수많은 사람이 더 행복하고 조화롭게 사는 데 도움이 되었다. 웹사이트는 www.drdemartini.com이다.

마리 다이아몬드Marie Diamond

마리는 세계적으로 알려진 풍수Feng Shui의 달인으로, 20년 이상 수행하면서 어린 시절 배웠던 지식을 다듬었다. 할리우드의 여러 유명인과 영화감독, 제작자, 음악가, 유명 저자들에게 조언을 해주기도 했다. 잘 알려진 공인들이 온갖 방면에서 성공하는 데 도움을 줬다. 다이아몬드 풍수Diamond Feng Shui, 다이아몬드 다우징Diamond Dowsing, 이너 다이아몬드 풍수Inner Diamond Feng Shui를 만들어 각각이 현재 처한 환경에서 끌어당김의 법칙을 접할 수 있게 했다. 웹사이트는 www.mariediamond.com이다.

마이크 둘리Mike Dooley

마이크는 '경력' 지도자나 연사가 아니라, '모험가'로서 사업과 경영 부문에서 두루 성공하였다. 세계 4대 회계 회사인 프라이스 워터하우스 쿠퍼스가 설립된 1989년까지, 프라이스 워터하우스Price Waterhouse에서 일하면서 전 세계를 돌아다녔다. 같은 해에는 영감을 주는 선물을 소매와 도매로 판매하기 위해 '전혀 독특한 생각Totally Unique Thoughts(TUT)'이라는 회사를 설립했다. 이 회사는 바닥에서 시작해 점차 성장하여 여러 체인으로 발전했고, 미국 거대 백화점마다 입점했으며, 일본·사우디아라비아·스위스에 판매 센터를 두고 전 세계적으로 100만 장이 넘

는 티셔츠를 판매했다. 2000년에는 이를 웹 기반 영감·철학 모험가 클럽으로 전환했고, 지금은 169개국에서 6만 명이 넘는 회원을 확보하고 있다. 세 권으로 구성된『우주에서 보낸 메모Notes from the Universe』를 비롯하여 여러 책을 집필한 저자이자, 국제적으로 인정받은 오디오 프로그램 '무한한 가능성: 꿈을 실현하는 기술Infinite Possibilities: The Art of Living Your Dreams'의 작가이기도 하다. www.tut.com으로 들어가면 더 자세한 내용을 볼 수 있다.

밥 도일Bob Doyle

'상상을 초월하는 부' 프로그램이라는, 끌어당김의 법칙과 그 실천 방법에 관한 강력한 멀티미디어 교육 과정을 만들어 운영하고 있다. 끌어당김의 법칙의 과학적 측면에 초점을 맞추어, 법칙을 의도적으로 활용하여 부와 성공과 멋진 인간관계와 기타 모든 것을 이루도록 도와주고 있다. 자세한 정보는 www.wealthbeyondreason.com으로 접속해보자.

헤일 도스킨Hale Dwoskin

뉴욕타임스 베스트셀러『세도나 기법』의 저자로, 사람들이 자신을 제한하는 믿음을 벗어버리고 진심으로 원하는 일을 성취하도록 돕고 있다. 세도나 기법은 자신

을 제약하는 고통스러운 감정과 믿음과 태도에서 벗어나는 방법을 알려주는 강력하고 독특한 방법이다. 헤일은 지난 30년간 세계 여러 기업과 사람들에게 이 원칙을 전달했다. 웹사이트는 www.sedona.com이다.

모리스 굿맨 Morris Goodman

'기적의 사나이'라 불리는 모리스 굿맨은 1981년 비행기 사고로 끔찍스러운 부상을 당한 후 회복하여 신문 표제에 등장한 사람이다. 다시는 걷지도, 말하지도, 정상적으로 살아가지도 못할 거라는 말을 들었으나, 오늘날 세계를 다니며 수많은 사람에게 영감을 주고 정신을 고양시키는 놀라운 이야기를 들려주고 있다. 모리의 아내 케이시 굿맨 역시 「시크릿」에 등장하여 스스로 병을 치유한 감격적인 이야기를 들려준다. 자세한 내용은 www.themiracleman.org로 들어가자.

존 그레이 박사 John Gray, Ph.D.

존 그레이는 지난 10년간 인간관계 분야에서 사랑받으며 3천만 부가 넘게 판매된 『화성에서 온 남자, 금성에서 온 여자』의 작가다. 그밖에도 베스트셀러를 14권 써냈고, 수천 명이 참가하는 세미나를 개최해왔다. 남녀가 개인·직장 관계에서 서로의 차이점을 이해하고 존중하며 인정하도록 돕는 데 중점을 두고 있다.

www.marsvenus.com을 방문해보자.

찰스 해낼 Charles Hannel(1866–1949년)

성공적인 미국 기업가이자 여러 책을 쓴 저자. 책은 모두 저자 자신이 삶에서 이룬 성취를 얻어내는 데 적용했던 아이디어와 방법을 담고 있다. 가장 유명한 작품은 『성공의 문을 여는 마스터키』로, 위대함에 이르는 방법을 24주 강좌 형태로 전달한다. 이 작품은 지금도 1912년 처음 발행되었을 때와 마찬가지로 사랑받고 있다.

존 해길린 박사 John Hagelin, Ph.D.

세계적으로 유명한 양자물리학자이자 교육자에 공공정책 전문가. 『완벽한 정부를 위한 설명서 Manual for a Perfect Government』라는 저서에서, 해길린 박사는 자연의 법칙과 조화를 이룸으로써 주요 사회·환경 문제를 해결하고 평화를 얻는 방법을 설명했다. 사회에 큰 공헌을 한 과학자에게 수여하는 키블리 상 Kibly Award을 수상한 바 있다. 2000년에는 자연법당 Natural Law Party의 대통령 후보였다. 오늘날 가장 훌륭한 과학자라고 평하는 사람이 많다. 웹사이트는 www.hagelin.org다.

빌 해리스Bill Harris

전문 연사이자 교사에 사업가다. 정신의 특성과 인간 개선 기법에 관해 고대와 현대를 두루 연구한 끝에 명상에 깊이 들어갈 수 있게 도와주는 오디오 기법 홀로싱크Holosync를 만들었다. 빌이 세운 회사는 세계적으로 수천 명에게 스트레스에서 해방되어 더 행복하게 살아가도록 도움을 주었다. 자세한 내용은 www.centerpointe.com을 방문하라.

벤 존슨 박사Dr. Ben Johnson

원래 의학을 공부한 존슨 박사는 병에 걸려 목숨을 잃을 뻔했는데 일반적이지 않은 방법으로 건강을 되찾은 후 에너지 치유에 관심을 기울이게 되었다. 엘렉스 로이드Alex Lloyd 박사가 발견한 치유 방법에 크게 흥미를 느끼고 있다. 지금은 엘렉스 로이드 박사와 함께 힐링 코드 사The Healing Codes Co.를 운영하며 그 가르침을 전파하고 있다. www.healingcodes.com으로 들어가서 자세한 내용을 보자.

로럴 랭마이어 Loral Langmeier

사람들이 금전적인 목표를 달성하도록 교육하고 지원해주는 단체를 설립했다. 부를 쌓는 데는 무엇보다 마음가짐이 중요하다고 믿는 로럴은 수많은 사람이 백만장자가 되도록 도와주었다. 개인과 기업에 강연을 하면서 지식과 전문성을 전달해주고 있다. 웹사이트는 www.liveoutloud.com이다.

프렌티스 멀포드 Prentice Mulford(1834~1891년)

신사상 운동의 가장 초기 작가이자 시조. 생애의 대부분을 은둔하며 살았다. 정신과 영혼의 법칙을 다룬 작품으로 수많은 작가와 교사에게 영향을 미쳤다. 작품으로는 『생각은 실체다 Thoughts Are Things』와 에세이를 모은 『흰색 십자가 도서관 The White Cross Library』 등이 있다.

리사 니콜스 Lisa Nichols

개인 역량강화를 강력히 지지하는 옹호자. 십대, 여성, 기업가가 삶을 바꾸게 도와주는 광범위한 기법을 제시하는 '대중에게 동기를 부여하라'와 '십대에게 동기를 부여하라'라는 단체를 설립하여 대표를 맡고 있다. 이곳은 또 교육 시스템, 기

업, 역량강화 단체, 신앙 기반 프로그램에도 서비스를 제공하고 있다. 리사는
『아프리카계 미국인을 위한 닭고기 수프Chicken Soup for the African American Soul』를 공동
집필했다. 웹사이트는 www.lisa-nichols.com이다.

밥 프록터Bob Procter

밥 프록터는 여러 훌륭한 스승들에게서 지혜를 전수받
았다. 가르침은 우선 앤드루 카네기에서 시작하여 나폴
레온 힐로, 다시 얼 나이팅게일로 이어졌다. 얼 나이팅게
일은 다시 지혜의 불꽃을 밥 프록터에게 건넸다. 밥 프록터는 40년 이상 마음의
잠재력을 연구했다. 전 세계를 다니면서 '비밀'을 가르쳐 기업과 개인이 끌어당
김의 법칙으로 풍요로운 삶을 창조하도록 도와주고 있다. 국제적인 베스트셀러
『당신은 부자로 태어났다You Were Born Rich』의 저자이다. 자세한 내용은 www.
bobprocter.com으로 접속하여 알아보자.

제임스 아서 레이James Arthur Ray

평생 진정한 부와 풍요의 원리를 연구한 제임스 아서 레
이는 '성공과 조화로운 부의 과학'을 개발했다. 이는 사
람들이 재정, 인간관계, 지성, 신체, 영혼 등 모든 분야
에서 경이적인 결과를 거두는 방법을 가르쳐주는 프로그램이다. 제임스가 만

든 개인 성과 시스템, 기업 교육 프로그램, 코치 보조 프로그램은 세계적으로
활용되고 있다. 제임스는 진정한 부와 성공과 인간의 잠재력에 관해 꾸준히 강
연을 열고 있다. 동양의 여러 고유하고 신비로운 전통에도 정통하다.
www.jamesray.com에 접속하라.

데이비드 셔머David Schirmer

매우 성공적인 증권 투자가이자 투자자에 투자 교육자
로, 워크숍 · 세미나 · 강의를 개최하고 있다. '트레이딩
에지Trading Edge'라는 회사를 설립해, 부자가 되는 마음가
짐을 개발하여 무한 수입을 벌어들이는 방법을 전해주고 있다. 호주와 전 세계
주식과 일용품 시장에 관한 셔머의 분석은 변함없는 정확함으로 높은 평가를
받는다. 더 자세한 내용은 www.tradingedge.com.au로 접속해보자.

마시 시모프Marci Shimoff

큰 성공을 거둔 『여성을 위한 닭고기 수프Chicken Soup for
the Woman's Soul』와 『어머니를 위한 닭고기 수프Chicken Soup for
the Mother's Soul』를 공동 집필했다. 자기 계발과 행복에 관
해 열정적으로 강연하는 인간 개혁 리더다. 특히 여성의 삶을 증진하는 부분에
초점을 맞춰서 일한다. 여성들이 자긍심을 느끼고 영감을 얻는 프로그램을 제

공하는 회사를 공동으로 설립하여 대표를 맡고 있기도 하다.

조 바이탤리 박사Dr. Joe Vitale

20년 전 노숙자였던 조 바이탤리는 이제 세계에서 가장 뛰어난 마케팅 전문가로 손꼽힌다. 성공과 풍요에 관한 책을 여러 권 썼는데, 그 가운데는『인생의 놓쳐버린 교훈Let's Missing Introduction Manual』,『최면을 거는 글짓기Hypnotic Writing』,『끌어당김의 요소 The Attractor Factor』등이 있다. 형이상학 박사이자 공인 최면술사에 형이상학 수행자요 목사이며, 기공 치유사다. www.mrfire.com으로 접속하면 더 알아볼 수 있다.

데니스 웨이틀리 박사Dr. Denis Waitley, Ph.D.

데니스 웨이틀리 박사는 미국에서 가장 존경받는 인간 성취 부분 저자요 강사이자 컨설턴트다. NASA 우주인을 교육하는 일을 맡았고, 이후에는 올림픽 선수들에게 같은 프로그램을 적용하기도 했다. 오디오 앨범「승리의 심리학」은 극기를 가르쳐주는 최고의 프로그램으로 사랑받았다. 몇몇 국제적인 베스트셀러를 비롯한 14권의 논픽션 작품을 쓰기도 했다. 웹사이트는 www.waitley.com이다.

닐 도널드 월쉬Neale Donald Walsch

닐 도널드 월쉬는 현대의 영혼의 전령이자 베스트셀러 저자로, 그의 혁신적인 작품 『신과 나눈 이야기』 3부작은 뉴욕타임스 베스트셀러 기록을 모두 깨뜨렸다. 책을 22권 썼고, 비디오와 오디오 프로그램도 제작했으며, 전 세계를 다니며 새로운 영성의 메시지를 전달하고 있다. www.nealdonaldwalsch.com에 들어가면 그를 만날 수 있다.

월러스 워틀스Wallace Wattles(1860–1911년)

미국에서 태어난 월러스 워틀스는 여러 해 다양한 종교와 철학을 연구한 뒤 신사상 원칙에 관한 책을 집필하기 시작했다. 그의 저작은 오늘날 풍요와 성공 교사들에게 큰 영향을 미쳤다. 가장 유명한 작품은 풍요에 관한 고전 『부자가 되는 과학』으로, 1910년에 출간되었다.

프레드 앨런 울프 박사Fred Alan Wolf, Ph.D.

프레드 앨런 울프는 물리학자, 작가, 강사로 이론 물리학 박사다. 여러 대학에서 강의했고, 양자물리학과 의식에 관련된 작품으로 유명하다. 내셔널 북 어워드

National Book Award를 수상한 『과학은 지금 물질에서 마음으로 가고 있다*Taking the Quantum Leap*』를 비롯한 12권의 책을 집필했다. 최근에는 세계 곳곳에서 강의하면서 양자물리학과 의식 사이의 관계에 관한 매력적인 연구를 진행하고 있다. 웹사이트는 www.fredalanwolf.com이다.

『시크릿』이 당신에게 영원토록
사랑과 기쁨을 전해주기를.

그것이 당신과 세상에 보내는
나의 뜻입니다.

시크릿

펴낸날	초판 1쇄	2007년 6월 16일
	초판 216쇄	2010년 12월 22일

지은이	론다 번	
옮긴이	김우열	
펴낸이	심만수	
펴낸곳	(주)살림출판사	
출판등록	1989년 11월 1일 제9-210호	

경기도 파주시 교하읍 문발리 파주출판도시 522-1
전화 031)955-1350   팩스 031)955-1355
기획·편집 031)955-4667
http://www.sallimbooks.com
book@sallimbooks.com

ISBN 978-89-522-0650-3 03320

'비밀'이란 무엇인가?

당신은 아마 궁금할 것이다. "비밀이 대체 뭔데?"라고 중얼거릴지도 모른다. 이제 내가 비밀을 어떻게 이해하게 되었는지 이야기하겠다.

우리는 모두 무한하고 유일한 힘에 따라 움직인다. 모두 정확히 똑같은 우주 법칙들을 따라간다. 우주에 흐르는 자연 법칙은 매우 정확해서 우리가 우주선을 제작하고, 사람을 달에 보내고, 우주선이 착륙할 시간을 극히 섬세하게 예측할 때, 법칙이 맞지 않으면 어쩌나 하고 걱정할 필요가 없다.

당신이 어디에 있든, 그곳이 인도든, 호주든, 뉴질랜드든, 스톡홀름이든, 런던이든, 토론토든, 몬트리올이든, 뉴욕이든, 우리는 모두 동일한 힘에 따라 움직인다. 그 힘은 법칙이고, 그것은 바로 끌어당김의 법칙law of attraction이다.

'비밀'이란 바로 끌어당김의 법칙을 말한다.

당신의 인생에 나타나는 모든 현상은 당신이 끌어당긴 것이다. 당신이 마음에 그린 그림과 생각이 그것들을 끌어당겼다는 뜻이다. 마음에 어떤 생각이 일어나든지, 바로 그것이 당신에게 끌려오게 된다.

_밥 프록터

"당신이 하는 모든 생각은 실체이며, 끌어당기는 힘이다."

- 프렌티스 멀포드(1834-1891년)

세상에 왔던 위대한 스승들은 모두 끌어당김의 법칙이 우주에서 가장 강력한 법칙이라고 말했다.

윌리엄 셰익스피어나 로버트 브라우닝, 윌리엄 블레이크 같은 시인들은 이런 내용을 시에 담아서 표현했다. 루드비히 반 베토벤과 같은 음악가들은 이를 음악으로 표현했다. 레오나르도 다 빈치와 같은 예술가들은 그림으로 나타냈고, 소크라테스, 플라톤, 랄프 왈도 에머슨, 피타고라스, 프란시스 베이컨 경, 아이작 뉴턴 경, 요한 볼프강 폰 괴테, 빅토르 위고 같은 사상가들은 글과 가르침에 이를 담았다. 이 사람들은 불후의 명성을 얻었고, 전설 같은 그들의 삶은 수세기를 이어져 내려왔다.

힌두교, 신비주의, 불교, 유대교, 그리스도교, 이슬람교 같은 종교와, 고대 바빌론이나 이집트 같은 문명은 글과 이야기에서 이 법칙을 이야기했다. 예부터 여러 가지 형태로 전해져온 이 법칙은 시대를 막론하고 수많은 글에서 발견할 수 있다. 기원전 3천년경에는 돌에 기록되기도 했다. 어떤 사람은 이 법칙을 탐내어 혼자 간직하려 했고 실제로도 그렇게 했다. 하지만 찾는 사람에게는 늘 길이 열려 있었다.

법칙은 태초부터 존재했다. 언제나 존재했고 앞으로도 존재할 것이다.

우주의 모든 질서와 당신 삶의 매 순간을 결정하고, 당신이 경험하는 모든 시시콜콜한 일을 결정하는 요소는 바로 이 법칙이다. 당신이 누구이고 어디에 있든지, 끌어당김의 법칙은 삶의 모든 경험을 빚어낸다. 끌어당김의 법칙이 실행되게 하는 존재는 바로 당신이다. 당신은 생각으로 이 법칙을 실행시킨다.

1912년 찰스 해낼은 끌어당김의 법칙을 "온 우주가 의지하는 가장 위대하고 정확한 법칙"이라고 설명했다.

현자들은 늘 이 법칙을 알았다. 당장이라도 고대 바빌로니아인들을 살펴보라. 그들도 이 법칙을 알았다. 물론 몇 명 안 되는 사람뿐이었지만. _밥 프록터

고대 바빌로니아 사람들과 그 엄청난 부에 관해서는 잘 기록되어 있다. 바빌로니아 사람들은 세계 7대 불가사의 가운데 하나인 바빌론의 공중 정원으로도 유명하다. 우주의 법칙을 이해하고 적용해서 역사상 가장 부유한 종족이 되었던 것이다.

왜 전 세계 인구의 1퍼센트밖에 안 되는 사람들이 전 세계 돈의 96퍼센트를 벌어들인다고 생각하는가? 당신은 이것이 우연이라고

생각하는가? 그렇게 만들어졌기 때문이다. 그 사람들은 뭔가 알고 있다. '비밀'을 이해하고 있는 것이다. 이제는 당신이 '비밀'을 만날 시간이다. _밥 프록터

물질적으로 풍족한 사람들은 의식적으로든 무의식적으로든 '비밀'을 활용하여 풍족해졌다. 풍요와 부에 관해 생각하고, 그와 상반되는 생각은 마음에 들어오지 못하도록 막았다. 그 사람들의 마음을 지배한 생각은 '부'였다. 그 사람들 마음에는 오직 '부'뿐이었다. 그 사람들이 이를 인식했든 못했든, 바로 그 생각이 그 사람들에게 부를 끌어당긴 것이다. 이것이 바로 끌어당김의 법칙이 적용된 사례다.

'비밀'과 끌어당김의 법칙이 실제로 적용되고 있음을 보여주는 훌륭한 사례를 알려주겠다. 당신은 대단한 부자였던 어떤 사람이 돈을 다 날리고도 다시 단기간에 막대한 부를 축적해낸 경우를 보았을 것이다. 바로 이때 그 당사자가 알든 모르든, 그 사람의 마음을 지배하는 생각은 '부를 축적하자'였다. 애초에 부자가 됐을 때도 바로 그 방법을 썼을 터. 그러고 나서 돈을 잃어버리면 어쩌나 하는 두려움이 마음속에 들어오게 되었고, 시간이 흘러 그 두려움이 마음에 가득해졌다. '부'를 생각하는 쪽에서 '손실'을 생각하는 쪽으로 옮겨가서, 결국 실제로 잃어버리고 만 것이다. 하지만 다 잃고 나자 더 이상 잃어버린다는 두려움이 없어지게

되었고, 다시 '부'를 생각하는 쪽으로 기울어졌다. 그들은 그렇게 해서 부를 되찾았다.

끌어당김의 법칙은 당신이 무엇을 생각하든 그 생각에 반응한다.

비슷한 것은 비슷한 것을 끌어당긴다

끌어당김의 법칙을 바라보는 가장 쉬운 관점은, 나 자신을 자석이라고 가정하는 것이다. 자석은 물체를 자신에게 끌어당긴다. _존 아사라프

당신은 우주에서 가장 강력한 자석이다! 당신 안에는 세상 그 무엇보다 강한 자기력이 깃들어 있고, 그 헤아릴 수 없는 자기력은 바로 당신 생각을 통해서 방사된다.

기본적으로 끌어당김의 법칙이란 비슷한 것끼리 끌어당긴다는 뜻이다. 물론 여기서는 '생각' 차원에서의 끌어당김을 이야기한다. _밥 도일(저술가, 끌어당김의 법칙 전문가)

끌어당김의 법칙은 '비슷한 것끼리 끌어당긴다'는 뜻이고, 그렇기에

뭔가 생각하면 그와 비슷한 생각들이 당신에게 끌려오게 된다. 당신이 직접 경험했을 만한 몇 가지 예를 들어보자.

마음에 들지 않는 어떤 일에 대해 생각하게 됐는데, 생각하면 할수록 상황이 점점 더 나빠지는 것처럼 느껴본 적 없는가? 이는 당신이 어떤 생각에 몰입할 때, 끌어당김의 법칙에 따라 곧바로 그와 비슷한 생각이 당신에게 끌려왔기 때문에 일어난 현상이다. 몇 분도 채 안 돼서 처음 했던 것과 비슷한 불행한 생각들이 엄청나게 떠올랐을 것이다. 그래서 상황이 점점 더 나빠지는 것처럼 느껴졌고, 생각하면 할수록 점점 속이 상했으리라.

음악을 듣는데 얼마 후에 그 음악이 머리에서 떠나지 않는 경험도 해봤을 것이다. 여기서도 마찬가지로 음악과 비슷한 생각들이 끌려왔고, 따라서 머리에서 노래가 빙빙 맴돌게 되었기 때문이다. 당신은 스스로 의식하지 못했더라도, 노래를 들을 때 거기에 주의를 기울여서 생각을 집중했던 것이다. 그 과정에서 노래와 비슷한 생각들을 강력하게 끌어당겼고, 따라서 끌어당김의 법칙이 작동해서 그 노래에 관한 생각이 반복해 떠오르게 된 것이다.

인간으로서 우리가 할 일은 원하는 대상을 집중하여 생각하고, 그 대상이 어떠해야 하는지 아주 명확하게 정하는 것이다. 그러면 우주에서 가장 커다란 법칙인 끌어당김의 법칙이 발동된다. 당신은 자신

이 가장 많이 되고 싶어하는 존재가 되고, 당신이 가장 많이 생각하는 것을 끌어당긴다. _존 아사라프

지금 당신의 삶은 지난날 당신이 한 생각들이 현실에 반영되어 나타난 결과물이다. 과거에 한 생각 중에는 훌륭한 생각도 있고, 그렇지 못한 생각도 있다. 누구나 자신이 가장 많이 생각하는 것을 끌어당기기 때문에, 지금까지 당신이 삶의 여러 가지 일들에 관해 어떤 생각을 해왔는지 알아보기란 어렵지 않다. 당신이 뭘 경험했는지 살펴보면 드러나므로. 지금까지는 그랬다. 이제는 '비밀'을 배우고 있으니, 알고 나면 무엇이든 바꿀 수 있을 것이다.

마음으로 본다면, 손으로 쥐게 될 것이다. _밥 프록터

마음으로 원하는 것을 생각하고 그 생각이 마음에 가득하게 할 수 있다면, 그것이 당신의 인생에 나타날 것이다.

게다가 그 원칙은 고작 세 마디로 요약할 수 있다. 생각이 현실이 된다! _마이크 둘리(저술가)

이 강력한 법칙을 통해 생각이 실체가 되어 삶에 나타난다. 생각이 현실이 된다! 이 말을 반복해보라. 이 생각이 당신 의식에 스며들게 하라. 생각이 현실이 된다!

대부분의 사람들은 생각에도 주파수가 있다는 사실을 이해하지 못한다. 생각은 측정할 수 있다. 따라서 한 가지 생각을 하고, 하고 또 하면, 예를 들어 새 차를 모는 모습을 상상하고, 필요한 돈이 들어오는 모습을 상상하고, 삶의 반려자를 발견하는 모습을 상상한다면, 또 그것이 어떤 모습일지 계속 상상한다면, 그 생각에 해당하는 주파수의 파장을 계속해서 방사하는 셈이다. _존 아사라프

생각은 자기磁氣 신호를 전송하여 비슷한 것이 되돌아오게 끌어당긴다. _조 바이텔리 박사

"지배적인 생각이나 마음가짐은 자석처럼 비슷한 것을 끌어당기는 법이므로, 마음가짐이 어떠하든 그에 어울리는 조건이 삶에 나타날 수밖에 없다."

– 찰스 해넬(1866-1949년)

생각은 자석이고 생각에는 주파수가 있다. 당신이 생각할 때 그 생각은 우주로 전송되어 같은 주파수에 있는 비슷한 것들을 자석처럼 끌어당긴다. 전송된 것은 모조리 원점으로 되돌아간다. 그리고 원점이란 바로 당신이다.

이렇게 생각해보라. 텔레비전 방송국이 특정 주파수대를 이용하여 방송 신호를 보내면, 그것이 시청자의 텔레비전에 나타난다. 사람들은 대부분 그 작동 원리는 이해하지 못하지만, 각 채널마다 주파수가 있고 그 주파수에 채널을 맞추면 화면이 나타난다는 건 이해한다. 채널을 바꾸면서 주파수를 선택하면 그 채널에서 방송되는 내용이 화면에 보인다. 다른 방송을 보고 싶으면 채널을 바꿔서 다른 주파수에 맞추면 되는 것이다.

당신은 '인간 송신탑'이고, 지상에 세운 어떤 텔레비전 송신탑보다 강력하다. 아니 우주에서 가장 강력한 송신탑이다. 당신이 보내는 전파는 당신의 인생과 이 세상을 만들어낸다. 당신이 송신하는 주파수는 도시와 국경과 이 세상 너머까지 전달된다. 온 우주에 퍼진다. 그리고 그 모든 일이 바로 '당신의 생각'으로 일어난다!

당신이 전송한 생각의 결과로 돌아오는 그림은 거실에 있는 텔레비전 화면이 아니라 당신 인생에 나타난다! 생각이 특정 주파수를 형성하여 그 주파수에 있는 것들을 끌어당기면, 그것들이 삶에서 나타난다. 인생을 바꾸고 싶다면, 생각을 바꿔서 주파수와 채널을 바꿔라.

"마음에서 전송되는 파동은 가장 정교하고, 따라서 우주에
서 가장 강력하다."

- 찰스 해낼

자신이 풍요롭게 사는 모습을 그리면 풍요가 나타날 것이다. 이 법
칙은 시간이나 사람을 초월한다. _밥 프록터

풍요롭게 사는 모습을 상상할 때, 당신이 끌어당김의 법칙을 활용하
여 자신의 삶을 강력하고 의식적으로 창조하는 것이다. 하지만 아주 분
명한 문제가 아직 남아 있다. "그렇다면 왜 모두가 꿈을 실현하지는 못
하는 거지?"

좋은 것을 끌어당겨라, 나쁜 것 말고

문제는 이것이다. 사람들은 대부분 자기가 원하지 않는 것을 생각하
면서 왜 그게 계속해서 나타나는지 의아해한다. _존 아사라프

사람들이 원하는 것을 얻지 못하는 유일한 이유는 원하는 것보다 원하

지 않는 것을 더 많이 생각하기 때문이다. 당신이 하는 생각과 말을 곰곰 살펴보라. 법칙은 완벽해서 오류가 없다.

역사상 가장 심각한 전염병이 수세기 동안 인류를 유린했다. 그건 바로 '싫어 전염병'이다. 사람들은 자기가 '싫어하는' 대상에 관해 주로 생각하고, 이야기하고, 집중하고, 뭔가 행동하면서 결국 이 병에서 벗어나지 못한다. 하지만 우리 세대는 역사를 바꿀 것이다. 이 전염병에서 벗어나게 해줄 지식을 배우고 있으니까. 당신부터 시작해야 한다. 그저 원하는 것을 생각하고 이야기함으로써 이 신사상 운동new thought movement의 선구자가 되는 것이다.

끌어당김의 법칙은 당신이 어떤 것을 좋게 생각하든 나쁘게 생각하든, 원하든 원하지 않든, 그런 것에는 상관하지 않는다. 그저 당신의 생각에 응답할 뿐이다. 그러니까 당신이 산처럼 쌓인 빚더미를 보고 끔찍해한다면, 바로 그 신호가 우주에 송신된다. "빚더미 때문에 미치겠어." 이런 말을 하면 이런 상황이 더 굳어지게 될 뿐이다. 더구나 이런 말을 할 때 당신은 그 말에 표현된 감각을 온몸으로 느낀다. 그러므로 그것이 당신에게 되돌아갈 것이다. _밥 도일

끌어당김의 법칙은 자연의 법칙이다. 사람을 가리거나, 좋거나 나쁜

것을 상관하지 않는다. 그저 당신 생각을 받아서 그것을 당신 인생에 되돌려줄 뿐. 끌어당김의 법칙은 당신이 뭘 생각하든 그것을 되돌려준다.

끌어당김의 법칙은 아주 순종적이다. 당신이 원하는 것을 생각하고 온 힘을 다해 거기에 집중하면, 끌어당김의 법칙은 바로 그것을 확실하게 당신에게 되돌려 보낸다. 이를테면 '늦고 싶지 않아, 늦고 싶지 않단 말이야'라고 당신이 원하지 않는 것을 생각할 때도, 끌어당김의 법칙은 당신이 그걸 원하는지 아닌지는 개의치 않는다. 그저 당신이 생각하는 대상을 되돌려 보내줄 뿐이다. 그렇기에 원하지 않는 것이 계속해서 나타나게 된다. 끌어당김의 법칙은 '원해'나 '싫어'에 관여하지 않는다. 당신이 뭔가에 집중하면, 그 대상이 무엇이든지 바로 그 대상을 불러들이고 있는 셈이다. _리사 니콜스(저술가, 개인 역량강화 옹호가)

당신이 원하는 대상에 생각을 집중하고 그 집중력을 유지하면, 그 순간 우주에서 가장 강력한 힘으로 그 대상을 불러들이고 있는 것이다. 끌어당김의 법칙은 '않아', '아니', 혹은 부정어를 처리하지 않는다. 당신이 부정어를 말할 때, 끌어당김의 법칙은 이렇게 이해한다.

이것은 인생의 커다란 '비밀' 이다. _존 디마티니 박사(철학자, 치료사)

 과거에 '비밀'을 알던 지도자들은 자신의 힘을 지키려 하고 나누려 하지 않았다. 그래서 사람들이 '비밀'을 알지 못하게 했다. 사람들은 단지 단조로운 일상만 되풀이해야 했다. '비밀' 이 소수에게만 알려 졌기 때문에. _데니스 웨이틀리 박사(심리학자, 잠재력 트레이너)

　역사를 살펴보면 이 '비밀'을 탐낸 사람도 많았고, 이를 세상에 퍼뜨 릴 방법을 찾은 사람도 많았다.

 나는 수많은 기적을 지켜봤다. 경제적인 기적, 질병이 치유되는 기 적, 정신이 치유되는 기적, 관계가 회복되는 기적 등. _마이클 버나드 백위 스(아가페 인터내셔널 영혼 센터 설립자)

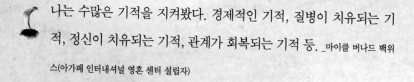 내 인생의 모든 성공은 '비밀'을 적용하는 법을 안 덕분이었다. _잭 캔필드(『영혼을 위한 닭고기 수프』의 저자)

비밀이 드러나다

 '비밀' 은 당신이 원하는 것은 무엇이든 얻게 해준다. 행복이든 건강이든 금전이든. _밥 프록터(철학자, 저술가)

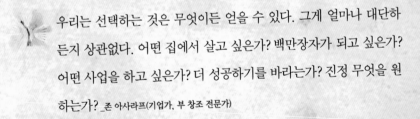 당신은 무엇이든 원하는 대로 되고, 하고, 얻을 수 있다. _조 바이탤리 박사(형이상학자, 마케팅 전문가, 저술가)

우리는 선택하는 것은 무엇이든 얻을 수 있다. 그게 얼마나 대단하든지 상관없다. 어떤 집에서 살고 싶은가? 백만장자가 되고 싶은가? 어떤 사업을 하고 싶은가? 더 성공하기를 바라는가? 진정 무엇을 원하는가? _존 아사라프(기업가, 부 창조 전문가)

트 앤서니 박사, 제리·에스터 힉스, 데이비드 캐머론 기컨디, 존 해리채런, 캐서린 폰더, 게이·케이티 핸드릭스, 스티븐 코비, 에크하르트 톨레, 데미 포드. 든든한 뒷받침을 해준 크리스, 재닛 애트우드, 마샤 마틴, 인간 개혁 리더 위원회Transformational Leaders Council의 위원들, 영적 시네마 서클Spiritual Cinema Circle의 회원들, 아가페 영혼 센터 임원들, 그리고 「시크릿」에 등장한 모든 달인들을 보조하고 도와주는 사람들에게도 고마움을 전한다.

사랑과 지지를 보내준 사랑스런 친구들의 얼굴도 떠오른다. 마시 콜턴 크릴리, 마가릿 레이논, 아시나 골리어니스, 존 워커, 일레인 베이트, 앤드리아 키, 마이클, 켄드라 애베이. 그리고 나의 멋진 가족인 피터 번과 아주 특별한 누이들에게도 감사한다. 잰 차일드는 책에 관해 값진 도움을 주었고, 글렌다 벨, 폴린 버논, 케이 아이존은 항상 내 곁에서 나를 끝없이 사랑하고 지지해주었다. 용감하고 아름다운 어머니 아이린 아이존, 그리고 세상을 떠났어도 빛과 사랑으로 내 삶을 계속 비춰주는 아버지 로널드 아이존에게도 감사한다.

마지막으로 사랑하는 딸 헤일리와 스카이 번에게 감사한다. 헤일리는 내가 인생이라는 여행을 다시 시작하게 해주었고, 스카이는 나를 따라 이 책을 같이 만들면서 내 글을 아름답게 편집하고 다듬어주었다. 두 딸은 내 인생의 귀중한 보석이고, 존재하는 것만으로 내게 생명을 불어넣어 주는 이들이다.